Die Vollgeld-Reform –
Wie Staatsschulden abgebaut
und Finanzkrisen verhindert werden können

*

Verein Monetäre Modernisierung (Hrsg.)

Die Vollgeld-Reform

Wie Staatsschulden abgebaut und Finanzkrisen verhindert werden können

Mit Beiträgen von
Hans Christoph Binswanger,
Joseph Huber und Philippe Mastronardi

Edition
ZE!TPUNKT
Die nächste Schweiz

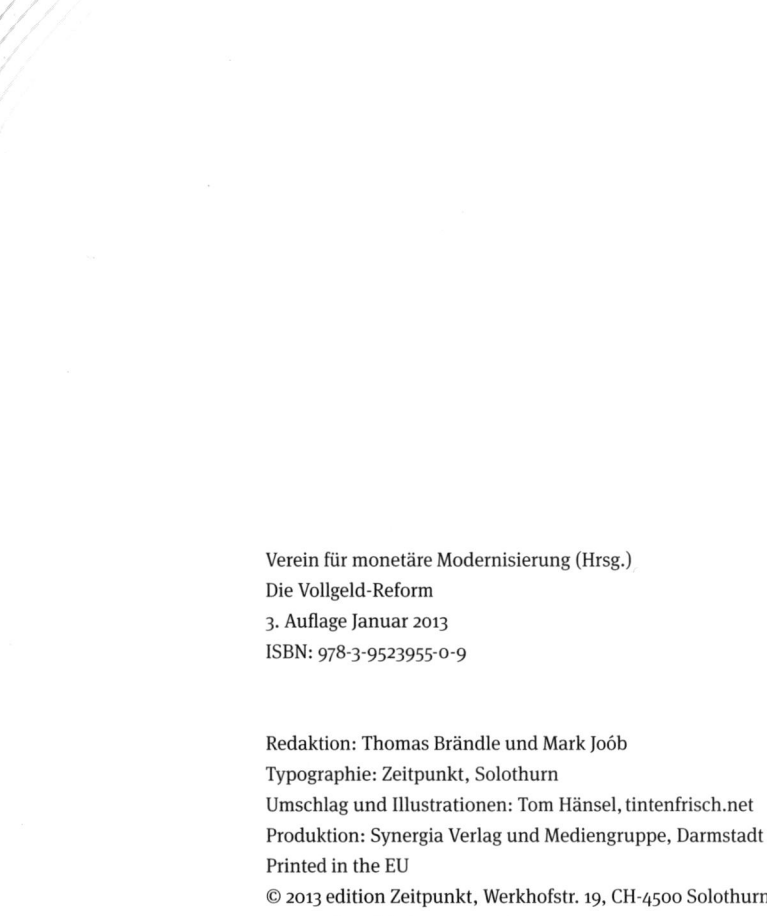

Verein für monetäre Modernisierung (Hrsg.)
Die Vollgeld-Reform
3. Auflage Januar 2013
ISBN: 978-3-9523955-0-9

Redaktion: Thomas Brändle und Mark Joób
Typographie: Zeitpunkt, Solothurn
Umschlag und Illustrationen: Tom Hänsel, tintenfrisch.net
Produktion: Synergia Verlag und Mediengruppe, Darmstadt
Printed in the EU

Inhalt

Einleitung

Mark Joób

Die Krise in der Finanzwelt ist fast schon Alltag geworden. Die einmaligen Rettungsmaßnahmen sind zu permanenten Auffangmechanismen ausgebaut worden. Mehrere Tausend Milliarden Euro wurden seit 2007 mobilisiert, um Banken und Staaten vor dem finanziellen Kollaps zu bewahren. Doch ein Ende der Krise ist nicht in Sicht. Das Schlimmste steht uns womöglich noch bevor. Dennoch wird weiterhin nur Symptombekämpfung betrieben. Fehlendes Geld wird nachgeschoben, ohne das System zu ändern. Die Rettung von maroden Banken und überschuldeten Staaten führt dazu, dass bestehende Probleme verdeckt und tief greifende Reformen verhindert werden.

Den Preis für die Misere zahlt wieder die Allgemeinheit nach dem bekannten Muster, dass Gewinne privatisiert und Verluste vergemeinschaftet werden. Genau das ist seit 2007 geschehen: Die Banken, die sich verspekuliert hatten, wurden mit öffentlichen Geldern gerettet und sind heute wieder profitabel. Die Staatsschulden aber sind durch die Bankenrettung sprunghaft angestiegen, was wesentlich zur Überschuldung von Staaten wie Griechenland, Irland und Spanien beigetragen hat. Die Banken sind fast ungeschoren davongekommen, doch wir alle werden noch für Jahre, wenn nicht für Jahrzehnte, unter der hohen öffentlichen Verschuldung leiden. Drastische Sparmaßnahmen sind unausweichlich. Die Mehrheit der Menschen in Europa muss sich auf einen sinkenden Lebensstandard einstellen: auf eine höhere Arbeitslosigkeit, auf Kürzungen bei den Staatsausgaben und auf die Entwertung ihrer Vermögen durch Inflation. Die öffentliche Empörung über die Missstände in der Finanzwelt mag vorübergehend nachgelassen haben, doch erkennen immer mehr Menschen, dass diese Missstände auf Fehler im System zurückzuführen sind und nur durch wahre Strukturreformen behoben werden können.

Die Vollgeld-Reform ist die spannendste politische Initiative der letzten Jahrzehnte. Sie hat nämlich die Schaltzentrale der Finanzwelt im Visier: das Geldsystem an sich. Die Vollgeld-Reform will die wahren Ursachen von Finanzkrisen beheben und die Stabilität des Geldes gewährleisten. Gleichzeitig will sie die demokratische Kontrolle über das Geldsystem wiederherstellen. Deshalb ist die Umsetzung der Vollgeld-Reform von höchster Priorität, wenn wir in einer wohlgeordneten Gesellschaft leben und nachhaltig wirtschaften wollen.

Zunächst müssen wir aber verstehen, worum es bei der Vollgeld-Reform überhaupt geht. Ein großes Hindernis bei der Verbreitung dieser Initiative ist nämlich die Komplexität des Themas. Dass Wissen Macht ist, zeigt sich nirgends deutlicher als in der Finanzwelt, wo sich eine regelrechte Herrschaft der Experten herausgebildet hat. Denn auch die Politiker, die über die Regulierung der Finanzbranche entscheiden, sind auf das Fachwissen einer kleinen Gruppe von Experten angewiesen, was diesen eine enorme Macht verleiht und die demokratische Kontrolle der Finanzwelt erschwert. So werfen Befürworter des bestehenden Systems den Kritikern oft mangelndes Wissen vor – nicht immer zu unrecht. Deshalb ist es äußerst wichtig, uns über wirtschaftliche Zusammenhänge zu informieren. Dazu trägt auch dieses Buch bei, das dank dem großen öffentlichen Interesse innerhalb eines Jahres bereits in der dritten Auflage erscheint.

Das Geldsystem als Schaltzentrale der Wirtschaft

Was ist nun an unserem Finanzsystem falsch? In der komplexen Finanzwelt lassen sich viele verschiedene Fehlfunktionen aufdecken, von den exorbitanten Bonuszahlungen der Bankmanager bis hin zum globalen Finanzkasino, wo die Banken mit geliehenem Geld hochriskante Geschäfte machen. Die gravierendste Fehlfunktion des heutigen Finanzsystems ist jedoch die Art und Weise, wie Geld entsteht und in Umlauf gelangt, denn dies verursacht eine Reihe weiterer Probleme. Das Geldwesen ist ja das Herz des Finanzsystems, weil es das für den Wirtschaftskreislauf erforderliche Geld bereitstellt. Wenn das Geldwesen nicht gesund ist, krankt deshalb das ganze Finanzsystem und infolge dessen die gesamte Wirtschaft. Wenn wir also zu den wahren Ursachen von Finanz- und Wirtschaftskrisen vordringen wollen, müssen wir das Geldsystem ins Auge fassen.

Diese Überlegungen haben uns, eine Gruppe von engagierten Personen, veranlasst, im Mai 2011 den Schweizer Verein *Monetäre Modernisierung MoMo* zu gründen. Unser Ziel ist es, die schwerwiegenden Fehlfunktionen des Geldwesens zu korrigieren und so einen wichtigen Beitrag zur Gesundung des Finanzsystems zu leisten. Wir sind überzeugt, dass das Geldwesen in den Dienst am Menschen, am gesellschaftlichen Gemeinwohl gestellt werden muss und nicht der Profitgier undurchsichtiger Finanzmächte geopfert werden darf. Die Frage ist, wie es jemand treffend formuliert hat: Geld regiert die Welt, doch wer regiert das Geld? Ein zentrales Problem besteht darin, dass die Geldversorgung der Wirtschaft heute durch private Banken gesteuert wird und sich so der demokratischen Kontrolle entzieht.

Das problematische Privileg der Banken

Die Geschäftsbanken haben heute das große Privileg, dass sie neues Geld herstellen dürfen – so genanntes Buchgeld, das nur auf den Konten der Kunden existiert. Sie vergeben nämlich Kredite nicht nur aus dem Geld, das Kunden vorher bei ihnen deponiert haben, sondern können fast unbegrenzt Buchgeld kreieren und gegen Zinsen verleihen. Auf diese Weise ist es den Banken möglich, bei guter Konjunktur hohe Extragewinne zu machen. Außerdem dient das durch die Geschäftsbanken geschaffene Geld immer weniger der Realwirtschaft. Stattdessen wird es zunehmend zur Finanzierung spekulativer Anlagen verwendet, die zwar äußerst profitabel sein können, aber ebenso riskant sind. Das Privileg der Geschäftsbanken, Geld zu kreieren, kommt einer massiven Subventionierung der Finanzbranche gleich. Dies zeigt sich auch darin, dass sich die Finanzbranche gemessen an der Realwirtschaft unverhältnismäßig aufgebläht hat.

Es liegt in der Logik des bestehenden Geldsystems, dass die privaten Banken in ihrem Streben nach Profit zu viel Geld produzieren und dadurch immer wieder zerstörerische Blasen heraufbeschwören.

Kommt es dann zu einer Finanzkrise, muss der Staat mit enormen Summen einspringen, um die Ersparnisse der Bankkunden und den Zahlungsverkehr zu sichern. In der gegenwärtigen Situation sind also die Vorteile der Geldschöpfung weitgehend privatisiert, während die damit verbundenen Risiken und Lasten auf die Allgemeinheit abgewälzt werden.

Ein weiteres fundamentales Problem des bestehenden Geldsystems besteht darin, dass die Geschäftsbanken Geld in Form von Schuld in Umlauf bringen und die Überschuldung von Personen und Staaten deshalb im System angelegt ist. Das für einen funktionsfähigen Wirtschaftskreislauf erforderliche Geld steht nur dann zur Verfügung, wenn Schulden gemacht werden. Der überwiegende Teil (rund 85 Prozent) des heute zirkulierenden Geldes ist auf dem Weg der Kreditvergabe durch Geschäftsbanken entstanden und auf Kredite müssen bekanntlich Zinsen gezahlt werden. Damit aber die Realwirtschaft Gewinne erzielen kann und genügend Geld für die Zinszahlungen vorhanden ist, muss die Geldmenge ständig erweitert werden, sonst bricht das System zusammen. So wird entweder die Inflation angeheizt oder die Realwirtschaft unter Druck gesetzt, der erweiterten Geldmenge entsprechend mehr reale Güter zu produzieren. Die andauernde Steigerung der realen Wirtschaftsleistung stößt jedoch an die Grenzen unseres Ökosystems und bedroht unsere natürliche Lebensgrundlage. Die finanzielle Verschuldung der Gesellschaft entfaltet eine besonders fatale Wirkung, wenn sie zu einer Übernutzung der Natur und infolgedessen zu einer Verringerung der Biokapazität der Erde führt.

Vor diesem Hintergrund ist das aktuelle Krisenmanagement der Europäischen Zentralbank und einiger anderer Notenbanken höchst fragwürdig. Ihre Antwort auf die Finanz- und Wirtschaftskrise besteht ja darin, die Finanzmärkte mit sehr viel Geld zu fluten. Damit ist es zwar möglich, die Situation an den Märkten für kurze Zeit zu entspannen, denn das zusätzliche Geld will investiert werden und lässt in der Regel die Kurse von Aktien und Anleihen steigen. Doch werden die schwerwiegenden Probleme der Finanzwirtschaft auf diese Weise nicht gelöst, sondern nur vorübergehend verdeckt, um in Zukunft noch stärker hervorzutreten. Wegen der exzessiven Ausweitung der Geldmenge sind auf längere Sicht nämlich neue spekulative Blasen und eine hohe Inflation zu erwarten. Inflation wiederum stellt eine undurchsichtige Umverteilung dar, weil die verschiedenen Teile der Gesellschaft nicht die gleiche Möglichkeit haben, die inflationsbedingte Verminderung ihres Realeinkommens durch eine entsprechende nominale Einkommenserhöhung zu kompensieren. Das führt unweigerlich zu sozialen Spannungen.

Das bestehende Geldsystem ist ungerecht, nicht nachhaltig und stellt wegen seiner Störungsanfälligkeit eine permanente Bedrohung für die Stabilität von Wirtschaft und Gesellschaft dar. Zudem widerspricht es dem Grundprinzip der Demokratie, wenn die staatliche Währungssouveränität durch das private Privileg der Geldemission untergraben wird und Großbanken, die als *too big to fail* eingestuft werden, nationale Regierungen jederzeit erpressen können. Wir meinen, dass in einem demokratischen Staat auch das Geldwesen der öffentlich-rechtlichen Kontrolle unterstellt werden muss. Allein der Staat sollte die Befugnis haben, Geld in Umlauf zu bringen.

Die Vollgeldreform als zentraler Teil der Lösung

Statt der üblichen Symptombekämpfung wollen die Initianten des Vereins *Monetäre Modernisierung MoMo* das Problem an der Wurzel anpacken und das Geld- und Währungswesen zur «Sache des Bundes» machen, wie es die Schweizer Bundesverfassung vorschreibt. Nach dem Konzept der Vollgeld-Reform soll das alleinige Recht der Nationalbank, Geld zu emittieren, vom Münz- und Notengeld auch auf das bisher von den privaten Banken geschöpfte Buchgeld ausgeweitet werden. Alles Geld, ob bar oder unbar, müsste in Zukunft von der Nationalbank kommen und wäre vollwertiges, sicheres und von der Bonität der Banken vollständig unabhängiges Geld – daher der Name Vollgeld.

Die Bereitstellung der für die Wirtschaft erforderlichen Geldmenge würde damit zu einer öffentlichen Dienstleistung. Dieser Service public kann nur dann garantiert werden, wenn die Schweizerische Nationalbank gestärkt und zu einer von Politik und Banken unabhängigen und allein dem Gemeinwohl verpflichteten «Monetative» wird, zu einer vierten Gewalt neben Legislative, Exekutive und Judikative.

Als Folge dieser Modernisierung wäre das Buchgeld (die Sichtguthaben) der Bankkunden nicht länger mit dem Risiko verbunden, dass es im Falle eines Bankrotts der Bank verloren geht. Auch müsste der Staat keine besondere Garantie für Bankeinlagen übernehmen, denn das Geld der Bankkunden wäre automatisch sicher. Im neuen Geldsystem muss das Geld auf den Bankkonten immer vollständig vorhanden sein und darf nicht ohne Einverständnis der Bankkunden für andere Zwecke verwendet werden. So würden auch die riskanten Finanzgeschäfte der Banken eingeschränkt.

Im Vollgeldsystem würde das neu geschaffene Geld keine Schuld verkörpern und deshalb keine Zinsen tragen. So könnte die Umverteilung von Wohlstand zu Lasten von Arbeitseinkommen und zugunsten des Kapitals wesentlich verringert und soziale Spannungen gemildert werden. Auch wäre die Problematik des Zinseszinses und des daraus resultierenden exponentiellen Wachtums von Geldvermögen entschärft.

Als weitere Folge der vorgeschlagenen monetären Modernisierung fielen der Staatskasse beträchtliche Einnahmen aus der Geldschöpfung zu, die den Bürgern zugute kämen. Denn die Umstellung auf das neue Geldsystem schafft Raum für Steuersenkungen und bietet eine einmalige Gelegenheit, Staatsschulden ohne drastische Sparmaßnahmen massiv abzubauen. Darüber hinaus würde die Geldversorgung der Wirtschaft stabilisiert und konjunkturelle Schwankungen geglättet. Schließlich könnte die Inflation auf ein Minimum reduziert werden, weil die Monetative die volle Kontrolle über die Geldmenge hätte.

Unser Vorschlag einer Geldreform sieht eine explizite Verankerung des staatlichen Monopols der Geldschöpfung in der Bundesverfassung vor. Das Privileg der Geschäftsbanken, Geld zu kreieren, beruht nämlich auf einer Gesetzeslücke: Artikel 99 der Bundesverfassung weist dem Bund nur in Bezug auf Münzen und Banknoten das alleinige Recht der Geldschöpfung zu. Diese Regulierung ist durch die Entwicklung des Bankenwesens jedoch längst überholt. Denn ca. 85 Prozent des zirkulierenden Geldes wird heute von Geschäftsbanken als Buchgeld in elektronischer Form kreiert, nur die restlichen ca. 15 Prozent sind in Form von staatlich geschöpftem Bargeld vorhanden. Auf Verfassungsebene soll deshalb das Geldmonopol des Bundes auch auf das Buchgeld ausgedehnt werden.

Eine entsprechende Verfassungsreform würde das bestehende Geldsystem stark vereinfachen und viel transparenter machen. Wir sind überzeugt: Eine gute monetäre Rahmenordnung ist wesentlich sinnvoller als immer mehr Regulierung und Bürokratie, zur Kompensation der Schwachstellen einer ungenügenden Rahmenordnung.

Die angestrebte Reform geht teilweise auf den prominenten Ökonomen Irving Fisher zurück, stützt sich im Wesentlichen aber auf das Buch «Monetäre Modernisierung» von Joseph Huber. Ähnliche Reformvorschläge werden auch in Deutschland, Großbritannien und den USA diskutiert. Jüngst hat sogar der Internationale Währungsfonds ein Arbeitspapier publiziert, das viele Vorteile des Vollgeldsystems eindrücklich hervorhebt (Jaromir Benes und Michael Kumhof: The Chicago Plan Revisited, IMF Working Paper WP/12/202, August 2012). Die Autoren des Arbeitspapiers gehen nämlich von einem so genannten 100-Prozent-Reserve-Ansatz aus, der die zentralen Elemente der Vollgeldreform enthält. Der 100-Prozent-Reserve-Ansatz bleibt jedoch dem heutigen defizitären Geldsystem teilweise verhaftet, weil die Doppelspurigkeit beibehalten wird, dass die Sichtguthaben der Kunden bei den Geschäftsbanken durch Reserven der Geschäftsbanken bei der Zentralbank gedeckt sein müssen – wenn auch zu 100 Prozent. Im Vollgeldsystem dagegen sind Sichtguthaben und Reserven das Gleiche, weshalb auf komplizierte Verfahren verzichtet werden kann, welche die vollständige Deckung von Sichtguthaben durch Reserven gewährleisten sollen. Zudem bleibt im 100-Prozent-Reserve-System die Gesamtmenge des in Umlauf befindlichen Geldes abhängig von der Kreditvergabepraxis der Geschäftsbanken, wobei auch einige problematische Aspekte des heutigen, zu verzinsenden Kreditgeldes bestehen bleiben. Dass in einem Arbeitspapier des IWF wissenschaftliche Belege für die Vorteile einer der Vollgeldreform sehr ähnlichen monetären Reform geliefert werden, ist sehr begrüßenswert. Nichtsdestotrotz handelt es sich bei dem 100-Prozent-Reserve-Ansatz des IWF im Vergleich zum Vollgeldsystem lediglich um eine zweitbeste Lösung.

Warum nicht Free Banking?

Als Lösungsvorschlag für die nicht enden wollende Banken- und Staatsschuldenkrise wird auch das Konzept des Free Banking immer wieder erwähnt. Seine Aktualität wird durch das zunehmende Interesse für Lokal- bzw. Komplementärwährungen erhöht. Auch gab es Perioden in der Geschichte, als Free Banking praktiziert wurde: In der Schweiz etwa ließen im 19. Jahrhundert mehrere Kantone einen Währungspluralismus zu.

Als Free Banking wird ein Geld- und Bankensystem bezeichnet, in dem Banken keiner speziellen, über das für andere Unternehmen übliche Maß hinausgehenden Regulierung unterliegen und frei eigene Währungen emittieren dürfen. Dabei wollen einige Anhänger des Free Banking nur die Emission von Geld erlauben, das zu hundert Prozent durch reale Güter – z.b. Gold – gedeckt ist, während andere auch diesbezüglich keine Regulierung vorsehen. Zu den bekanntesten Vertretern des Free Banking gehört der neoliberale Ökonom, Friedrich August von Hayek mit seinem Werk *Entnationalisierung des Geldes*.

Das Ziel des Free Banking besteht darin, das staatliche Geldmonopol abzuschaffen und auf nationaler Ebene einen Wettbewerb unterschiedlicher Währungen zu ermöglichen. Damit soll die Versorgung der Menschen mit sicherem und wertbeständigem Geld gewährleistet werden, das sich dem staatlichen Zugriff entzieht und nicht Gegenstand einer Inflationspolitik zur Senkung von Staatsschulden werden kann.

Gegenüber dem bestehenden Geld- und Bankensystem könnte ein konsequent verwirklichtes Free Banking insofern eine Verbesserung bringen, als marode Banken nicht mit öffentlichen Geldern gerettet, sondern geschlossen würden. In diesem Fall müsste man aber die Entwertung der betroffenen Privatwährungen und möglicherweise sogar den vollständigen Verlust der betroffenen Guthaben in Kauf nehmen. Neben dieser Unsicherheit und der mit einem Währungspluralismus verbundenen Unübersichtlichkeit sprechen auch die folgenden vier Gründe gegen das Free Banking, besonders im Vergleich zum Vollgeldsystem.

1. Das Ziel der Free-Banking-Konzepte, nämlich das staatliche Geldmonopol abzuschaffen, führt ins Leere, denn die Staaten

haben dieses Monopol de facto seit langem an die Geschäftsbanken abgegeben. Heute besteht ein staatlich gesichertes Geldmonopol der Geschäftsbanken: Der Staat schreibt zwar die Verwendung einer einzigen Währung als gesetzliches Zahlungsmittel vor, die Kontrolle über die Geldversorgung des Publikums haben aber die Geschäftsbanken.

2. Anhänger des Free Banking berufen sich auf die Freiheit der Menschen, wenn sie sich gegen staatliche Eingriffe und für eine vollständige Deregulierung und Privatisierung des Geldwesens aussprechen. Dagegen ist einerseits einzuwenden, dass ein demokratischer Staat nicht als feindliche Gewalt, sondern als legitimer Repräsentant der Menschen zu betrachten ist. Andererseits spricht nichts dafür, dass das «freie Spiel» der Marktkräfte die Freiheit aller Menschen oder auch nur einer Mehrheit befördern würde; die Erfahrung zeigt vielmehr, dass Freiheit durch dieses «freie Spiel» der Marktkräfte extrem ungleich verteilt wird. Die reale Freiheit eines Menschen hängt nämlich stark davon ab, über wieviel Geld er verfügt. Um im Bereich der Geldversorgung eine angemessene Verteilung von Freiheit unter den Menschen sicherzustellen, braucht es eine demokratische Kontrolle des Geldwesens.

3. Free-Banking-Konzepte behandeln Geld als ein gewöhnliches Gut; deshalb sehen sie auch keinen Bedarf nach einer zusätzlichen Regulierung des Geldwesens. Geld ist jedoch ein ganz spezielles Gut, weil es als universales Tauschmittel eine zentrale Voraussetzung für das Funktionieren unserer arbeitsteiligen Wirtschaft bildet. Die hervorragende Bedeutung des Geld- und Bankensystems für die Gesamtwirtschaft zeigt sich in der aktuellen Finanz- und Wirtschaftskrise besonders deutlich. Weil also Geld eine grundlegende Infrastruktur darstellt, die modernes Wirtschaften erst ermöglicht, sollte es als ein öffentliches Gut betrachtet und einer entsprechenden staatlichen Kontrolle unterstellt werden. Wenn das Bankensystem so wichtig ist, dass es durch den Staat vor dem Kollaps bewahrt werden muss, steht dem Staat auch die Befugnis zu, das Bankensystem zusätzlich zu regulieren.

4. Anhänger des Free Banking hegen ein ideologisches Misstrauen gegenüber staatlichen Institutionen und erachten diese grundsätzlich als eine Bedrohung individueller Freiheit. Deshalb

wollen sie das Geldwesen vollständig deregulieren und privatisieren. So sehr die Free-Banking-Schule dem Staat misstraut, so sehr vertraut sie auf die Redlichkeit privater Wirtschaftsakteure und vergisst dabei, dass sowohl im Staat als auch in der Privatwirtschaft Menschen am Werk sind. Personen in öffentlichen Ämtern, die dem Gemeinwohl zu dienen haben, können aber dank der Kontrolle einer breiten Öffentlichkeit viel eher zu einem sozial erwünschten Verhalten bewegt werden als Manager privater Geschäftsbanken, die von den Anteilseignern in erster Linie mit der Steigerung des unternehmerischen Profits beauftragt worden sind. Auch die vielen Fälle von Manipulation und Missbrauch, die in den letzten Jahren bei Geschäftsbanken aufgedeckt wurden, zeigen eindeutig, dass die Wiederherstellung des staatlichen Geldmonopols und eine staatliche Kontrolle des Bankensystems dringend nötig sind.

Diese vier Punkte sprechen klar gegen das Free Banking und für die Einführung des Vollgeldsystems. Dabei verträgt sich das Vollgeldsystem durchaus mit lokalen Komplementärwährungen, soweit diese soziale Non-Profit-Projekte befördern und nicht kommerziellen Zwecken dienen.

Das Buch

Warum unser Geldwesen heute schlecht funktioniert und wie es verbessert werden könnte, davon handeln die nachfolgenden drei Beiträge von Mitgliedern des wissenschaftlichen Beirats des Vereins *Monetäre Modernisierung MoMo*. Die Beiträge geben den Inhalt der Vorträge der Tagung «Schweizer Vollgeldreform» wieder. Diese Tagung wurde im Mai 2011 durch den Verein MoMo zum Anlass ihrer Gründung organisiert. Im Juni 2012 folgte eine weitere erfolgreiche Tagung an der Universität Zürich, welche die Dringlichkeit einer monetären Reform zusätzlich vor Augen führte.

Die Reihenfolge der drei Beiträge ist so gewählt, dass sie inhaltlich aufeinander aufbauen. Hans Christoph Binswanger (vormals Professor für Volkswirtschaft der Hochschule St. Gallen) bietet eine aufschlussreiche Einführung in die Funktionsweise des Geldsystems und kommt dabei zu verblüffenden Ergebnissen. Dann gibt Joseph Huber (Professor für Wirtschafts- und Umweltsoziologie an der Universität Halle) einen aktuellen Überblick darüber, wie sich die verschiedenen Reformmaßnahmen, die heute zur Verbesserung des Finanzsystems und des Geldwesens vorgeschlagen werden, im Fall ihrer Verwirklichung auswirken würden. Dabei hebt er die Vorteile des Vollgeldsystems eindrücklich hervor. Schließlich beschreibt Philippe Mastronardi (ehemals Professor für Staatsrecht an der Hochschule St. Gallen) in einem zukunftsweisenden Beitrag, wie das Geldsystem auf dem Weg einer Änderung der Schweizer Bundesverfassung modernisiert werden könnte. Die in seinem Beitrag präsentierte Regelung erachten wir als Grundlage für eine öffentliche Diskussion einer möglichen Verfassungsinitiative.

Der Verein Monetäre Modernisierung MoMo

Für das Finanzsystem inklusive das Geldwesen tragen wir alle eine Mitverantwortung. Schon deshalb, weil wir alle an diesem System teilnehmen und von seinen Vorteilen profitieren. Die Personen, die in Politik und Wirtschaft das Sagen haben, tragen natürlich eine besonders große Verantwortung. Leider hatten aber diese Personen bisher kein Interesse oder sahen keine Möglichkeit, die schweren Fehlfunktionen des Finanz- und Geldsystems zu korrigieren. Auch in der gegenwärtigen Krise wird nur Symptombekämpfung betrieben, die eigentlichen Ursachen des Übels werden nicht angegangen. Deshalb bleibt für die engagierten Bürgerinnen und Bürger – wie so oft in der Geschichte – nichts anderes übrig, als selbst auf tief greifende Änderungen zu drängen. Zunächst müssen wir unsere Mitbürger aufklären und dann in der Politik die Initiative ergreifen. Machen Sie mit! Der Verein Monetäre Modernisierung freut sich auf Ihre Unterstützung.

Unser Verein ist überparteilich. Dementsprechend besteht der Vorstand aus Personen verschiedenster politischer Couleur. Unser Anliegen ist, im Sinn der Demokratie eine öffentliche Diskussion über das Geldsystem anzustoßen und im Interesse aller Menschen an der Verbesserung der bestehenden monetären Rahmenordnung zu arbeiten. Das umfasst auch die Lancierung einer entsprechenden Volksinitiative. Es ist erfreulich, dass die Vollgeldreform in den Medien zunehmend Beachtung findet und immer mehr Menschen die zentrale Bedeutung des Geldsystems für Wirtschaft und Gesellschaft erkennen.

Unser Verein verfügt über einen wissenschaftlichen Beirat, dem anerkannte Fachleute verschiedener Disziplinen wie Staatsrecht, Ökonomie, Wirtschaftsethik, Geschichte, Soziologie, Sozialpsychologie und Mathematik angehören. Für weitere Informationen über unseren Verein und über die von uns vorgeschlagene Vollgeldreform besuchen Sie bitte unsere Webseite: www.vollgeld.ch.

Mark Joób, St. Gallen, November 2012

Finanz- und Umweltkrise sind ohne Währungs- und Geldreform nicht lösbar

Hans Christoph Binswanger

Geldschöpfung und Wertschöpfung

Wenn wir die moderne Wirtschaft und die ihr immanente ständige Tendenz zum Wachstum wirklich verstehen wollen, müssen wir das Geld und die sich ins Unendliche fortsetzende Geldschöpfung in die Erklärung ihrer Funktionsweise mit einbeziehen. *Money matters!*

Wenn es auf das Geld ankommt, muss man wissen, was Geld ist, was heute Geld ist. Ich lade Sie daher zuerst zu einem Ausflug in die Welt des Geldes bzw. der Geldschöpfung ein. Geld ist alles, womit man zahlen kann. Heute kann man mit Banknoten zahlen, also mit Papiergeld, sowie mit Sichtguthaben bei den Banken, d.h. mit Guthaben, die auf den Girokonten bei den Banken verbucht werden. Man spricht daher auch von Bank- oder Buchgeld. Das Bank- oder Buchgeld kann in Banknoten eingelöst werden, aber die Banknoten nicht mehr wie früher in Goldmünzen. Die letzten Reste einer solchen Einlösungspflicht sind anfangs der 1970er Jahre gefallen. Seither kann die Zentralbank ohne Rücksicht auf irgendwelche Goldreserven Banknoten drucken. Auf diese Weise kann die Menge des Geldes – des Papiergeldes und des Bank- oder Buchgeldes – stets erhöht werden. Man spricht von Geldschöpfung. Diese kann unendlich weitergehen, ohne an Grenzen zu stoßen, die früher durch die begrenzten Goldvorräte gegeben waren. Der Trick der Geldschöpfung ist, dass sie sowohl das reale Wachstum des Sozialprodukts und damit der Einkommen der Haushalte verursacht, als auch – wenn sich das Wachstum fortsetzt – gleichzeitig eine ständige Steigerung der Geldgewinne ermöglicht, die das Wachstum monetär attraktiv machen. Die Geldschöpfung lohnt sich also sowohl im Bereich der realen als auch im Bereich der monetären Werte.

Dadurch erhält das wirtschaftliche Wachstum eine magische Anziehungskraft. Wie kommt es zu dieser magischen Anziehungskraft? Dies ist die entscheidende Frage, der die konventionelle Ökonomik ausweicht, der man sich aber stellen muss, wenn man den Wachstumsprozess, der sich in einer Spiralform weiter entwickelt, wirklich begreifen will. Ich gehe in drei Schritten vor, um diese Entwicklung zu erklären.

Erster Schritt: Das Prinzip der Geldschöpfung: Schulden verwandeln sich in Geld

Ausgangspunkt unserer Überlegungen ist die Feststellung, dass die Banken nicht einfach nur Geld, das von irgendjemandem gespart wird, an diejenigen vermitteln, die Geld benötigen, d.h. von den einen Geld leihen, das sie anderen weiter verleihen. Sie sind nicht (nur) Zwischenhändler. Vielmehr schöpfen sie zusammen mit der Zentralbank Geld. Sie sind Produzenten von Geld.[1] Sie schaffen ständig neues Geld. Wie geschieht dies? Die Geldschöpfung erfolgt durch Kreditschöpfung, d.h. dadurch, dass die Banken den Kreditnehmern – es handelt sich neben dem Staat und den privaten Haushalten vor allem um Unternehmungen – den Kreditbetrag auf einem Girokonto bei sich gutschreiben. Dieser Kreditbetrag ist eine Einlage bei der Bank, die man als Sichteinlage bezeichnet, weil man ohne Voranmeldung, d.h. auf Sicht, über sie verfügen, d.h. damit zahlen kann. Diese Sichteinlage auf dem Girokonto ist das Bank- oder Buchgeld.

Der Kredit der Bank an den Kreditnehmer ist eine Schuld des Kreditnehmers an die Bank. Aber das Guthaben des Kreditnehmers bei der Bank, die Sichteinlage, ist ebenfalls eine Schuld, nämlich eine Schuld der Bank an den Kreditnehmer. Sie wird auf der Passivseite der Bankbilanz gebucht. Warum? Weil die Bank verpflichtet ist, dieses Guthaben in Banknoten, d.h. in Geld der Zentralbank einzulösen. *Diese Schuld ist aber gleichzeitig Geld, eben Bank- oder Buchgeld.* Weil man mit dem Bank- oder Buchgeld genau so gut oder sogar noch bequemer – durch Überweisungsaufträge oder mit Hilfe von Kreditkarten – zahlen kann, wird es nur zu einem geringen Teil in Banknoten eingelöst. Es bleibt somit als Sichtguthaben der Kreditnehmer bei der Bank und damit als Schuld der Bank auf den Girokonten der Kreditnehmer stehen. Das Bank- oder Buchgeld vermehrt sich daher ständig mit den Schulden der Kreditnehmer und den Schulden der Banken, also *durch eine gegenseitige Verschuldung von Kreditnehmern und Banken.* Dies lässt sich durch eine Darstellung des Kreditvorgangs, z.B. von 100 Geldeinheiten, auf einer Bankbilanz und einer entsprechenden Bilanz des Kreditnehmers verdeutlichen. Wir wählen dazu eine Unternehmungsbilanz.

Vereinfachte Bankbilanz und Unternehmungsbilanz:

Bank	
Aktiven	**Passiven**
+ 100 Kredit der Bank = Schuld der Unternehmung	+ 100 Sichtguthaben der Unternehmung = Schuld der Bank = **Geld** (Buchgeld)

Unternehmung	
Aktiven	**Passiven**
+ 100 Sichtguthaben der Unternehmung = Schuld der Bank = **Geld** (Buchgeld)	+ 100 Kredit der Bank = Schuld der Unternehmung

Die Verschuldung der Banken und die Verschuldung der Kreditnehmer sind allerdings – dies ist zu beachten! – asymmetrisch. Der Kreditnehmer muss die Schuld begleichen *und* einen Zins bezahlen, solange er schuldig bleibt. Die Banken hingegen müssen nur einen kleinen Teil der Schuld begleichen, nämlich den (geringen) Teil, der in Banknoten eingelöst wird. Sie brauchen für diese Schuld auch keinen bzw. nur einen geringen Zins zu zahlen. Warum? Weil ihre Schuld eben Geld darstellt. Man lässt die Schuld stehen, weil sie Geld ist.

Wie steht es nun aber mit den Banknoten der Zentralbank? In dem (geringen) Ausmaß als das Bank- oder Buchgeld in Banknoten eingelöst wird, steigt d‚eren Menge parallel zur Ausweitung der Bank- oder Buchgeldmenge, indem die Zentralbank den Banken Zentralbankgeld auf dem Kreditweg – genauer: durch Übernahme eines Teils der verbrieften Kredite, die die Banken gewährt haben – in Form von Einlagen bei sich zur Verfügung stellt. Die Banken verschulden sich damit bei der Zentralbank. Das Zentralbankgeld, d.h. die Zentralbankeinlagen der Banken bzw. die Banknoten sind aber ebenfalls eine Schuld – eine Schuld der Zentralbank. Sie wird auf der Passivseite der Zentralbankbilanz gebucht, denn die Zentralbank musste sie ursprünglich in Gold einlösen. Auch hier handelt es sich also um eine gegenseitige Verschuldung, nämlich eine Verschuldung der Banken bei der Zentralbank, und der Zentralbank bei den Banken bzw. bei den Nicht-Banken, wenn diese ihre Giroguthaben in Banknoten einlösen.

Auch in diesem Fall sind die Verschuldungen asymmetrisch. Die Banken müssen die Schuld begleichen *und* für den Kredit der Zentralbank einen Zins bezahlen. Die Zentralbank muss aber – das ist nun das Entscheidende – *ihre* Schuld nie begleichen, weil die Banknoten gesetzliches und definitives Geld sind, d.h. solches das sie nie mehr in Gold einlösen muss. Es handelt sich also um eine «ewige» Schuld. Sie zahlt den Banken in der Regel auch keine Zinsen, weil die Zentralbankschuld für die Banken – und wenn sie in Banknoten umgewandelt wird, auch für die Nicht-Banken – Geld darstellt.

Daraus resultiert: Da die einzige Schranke für die Ausgabe von Buchgeld der Banken ihre Einlösbarkeit in Zentralbankgeld bzw. Banknoten ist, diese aber nicht mehr in Gold eingelöst werden müssen, und die Zentralbanken den Banken daher grundsätzlich unbeschränkt Zentralbankgeld bzw. Banknoten zur Verfügung stellen können, beruht unser ganzes Geldsystem heute auf der Vermehrung «ewiger» Schulden. «Ewige» Schulden, d.h. Schulden, die man nie bezahlen muss, kann man unendlich vermehren! So werden Schulden zu Geld, d.h. zu Vermögen, das sich in dem Ausmaß als mehr neue Kredite entstehen als zurückbezahlt werden, im Lauf der Zeit ins Unendliche anhäuft. Das ist das Wesen der im Geldsystem waltenden Magie: Aus Minus (-) gleich Schuld wird ein Plus (+) gleich (Geld-)Vermögen.

Zweiter Schritt: Die Metamorphose des Geldes – das Wachstum der Geldmenge verwandelt sich in reales Wachstum

Maßgebend für die Metamorphose des Geldes in reale Güter ist: Die Kredite der Banken werden von den Unternehmungen im allgemeinen dazu verwendet, um zu investieren, d.h. um Arbeitsleistungen und aus der Natur genommene Rohstoffe und Energieträger zu kaufen und mit ihrer Hilfe die Produktion zu steigern, denn sie wollen ja Geld verdienen, indem sie Güter produzieren, die sie verkaufen können. So wird das neu geschöpfte Geld, auch wenn erst nachträglich, doch einlösbar – zwar nicht mehr in Gold, aber in zusätzlich produzierte Güter. Es ist zwar in der Regel eine geringe Erhöhung des Preisniveaus damit verbunden – man spricht von einer schleichenden Inflation –, aber die Produktionsmenge steigt stärker. Die Geldvermehrung verpufft also normalerweise nicht einfach in Inflation. Sie führt vielmehr zur realen Wertschöpfung, d.h. zu einem realen Zuwachs des BIP, zum wirtschaftlichen Wachstum. Dies ist die moderne Metamorphose des Geldes, d.h. die Verwandlung des Geldes in reale Güter. So wird in der Regel das Geldvermögen auch zu einem realen Vermögen.

Dritter Schritt: das Perpetuum mobile der Geld- und Wertschöpfung

Damit die Verwandlung der Geldschöpfung in reale Wertschöpfung gelingt, müssen die Unternehmungen, die zusätzlich zum Eigenkapital auch Kredite (also Fremdkapital) aufnehmen, um es zusammen mit dem Eigenkapital zu investieren, einen Gewinn erzielen können, aus dem der Zins für die Kredite bezahlt wird, und der zusätzlich einen Reingewinn enthält, der das Risiko des Eigenkapitals kpmpensiert, das mit jeder Investition verbunden ist. Das Investitionsrisiko ergibt sich daraus, dass die Investitionen erst in der Zukunft ausreifen, indem die Güter, die aufgrund der Investitionen produziert werden, erst morgen verkauft werden können, denn sie können erst

verkauft werden, wenn sie produziert worden sind. Die Produktionsleistungen müssen aber heute schon bezahlt werden. Die Zukunft ist
immer unsicher. Ohne Aussicht auf einen Gewinn, der mindestens
das Risiko kompensiert, werden daher die Unternehmungen nicht
investieren, kein Kapital einsetzen, d.h. das Risiko nicht auf sich nehmen.

Dies muss im Durchschnitt für alle Unternehmungen gelten,
wenn die Wirtschaft funktionieren soll. Das heißt: Die Chance eines
Gewinns muss stets größer sein als die Chance eines Verlusts. Der
Erwartungswert des Gewinns in der Gesamtwirtschaft muss also po-
sitiv sein. Dies ist aber nur dann der Fall, wenn die Häufigkeit des
Gewinns stets größer war und weiterhin größer ist als die Häufigkeit
des Verlusts, wenn also die Unternehmungen im Saldo stets Gewinne
gemacht haben und machen, also aus der Summe aller Gewinne und
Verluste ein Gewinnüberschuss resultiert. Wie ist dies möglich? Das
ist nun die Frage!

Die Gewinne der Unternehmungen insgesamt sind grundsätzlich gleich der Differenz zwischen den Einnahmen und den Ausgaben
der Unternehmungen – genauer: zwischen den Einnahmen und den
Ausgaben der Unternehmungen für die Herstellung der Produkte, aus
denen die Unternehmungen die Einnahmen erzielen. Damit die Unternehmungen zusammen im Saldo stets Gewinne erzielen können,
müssen daher die Einnahmen aller Unternehmungen zusammen
stets größer sein als die Ausgaben aller Unternehmungen zusammen.
Wie soll dies vor sich gehen? Wir sollen alle zusammen mehr Geld
einnehmen als ausgeben? Es ist offensichtlich nicht möglich, wenn
das Geld nur im Kreis läuft, d.h. wenn nur das Geld, das die Unternehmungen den Haushalten für ihre Produktionsleistungen bezahlt
haben, zur Verfügung steht, um die Produkte zu kaufen, die die Unternehmungen mit ihrer Hilfe hergestellt haben. Denn dann würden
sich Einnahmen und Ausgaben der Unternehmungen nur immer
gerade ausgleichen. Es gäbe also in der Summe von Gewinnen und
Verlusten keinen positiven Gewinnsaldo. Es könnten dann weder Zinsen bezahlt werden, noch Reingewinne erzielt werden, die das Risiko
des Kapitaleinsatzes decken. Ein positiver Gewinnsaldo und damit

die Möglichkeit, Zinsen für das Fremdkapital zu bezahlen und Reingewinne auf dem Eigenkapital zu erzielen, die das Risiko decken, kann somit gesamtwirtschaftlich nur entstehen, wenn ständig Geld zufließt.

Wie fließt aber in der modernen Wirtschaft Geld zu? Wir wissen es bereits: indem die Unternehmungen bei den Banken Kredite aufnehmen, die die Banken mindestens zum Teil durch Geldschöpfung bereitstellen, also durch Vermehrung der Geldmenge auf dem Kreditweg, also durch Verschuldung. Die Unternehmungen brauchen in der Regel die Kredite, um zu investieren, um das aufgenommene Geld, zusammen mit dem reinvestierten Reingewinn, für den Kauf von zusätzlichen Produktionsleistungen zu verwenden, also um zu wachsen. Die Einkommen der Haushalte als Anbieter dieser Produktionsleistungen steigen auf diese Weise mit dem Wachstum des Sozialprodukts, und die Gewinne der Unternehmungen mit dem Wachstum der Einkommen der Haushalte, die sie für den Kauf der Produkte ausgeben, die die Unternehmungen hergestellt haben.

Dabei ist zu beachten: Die Haushalte geben ihr Einkommen für den Kauf der Produkte, welche die Unternehmungen herstellen, sofort aus. Sie werden daher sofort zu Einnahmen der Unternehmungen, die aus dem Verkauf der Produkte an die Haushalte resultieren. Der Einkommenseffekt der Investitionen tritt also unmittelbar ein. In diesem Zeitpunkt können die Unternehmungen aber nur die Produkte verkaufen, die schon produziert worden sind, die sie also vor der neuen Investition hergestellt haben, für deren Herstellung sie im Betrag der neuen Kredite weniger Geld ausgegeben haben. Dies bedeutet, dass die Einnahmen der Unternehmungen vor den Ausgaben für die Produkte, die sie verkaufen, steigen. So entsteht in der Volkswirtschaft gesamthaft, d.h. im Saldo aller Gewinne und Verluste, stets ein Gewinn, wenn sich das Wachstum der Wirtschaft fortsetzt.

Dies sind die drei Schritte zur Erklärung der Wachstumsspirale. Der Wirtschaftskreislauf weitet sich zu einer Wachstumsspirale aus. Der Wachstumsprozess hält sich auf diese Weise mit Hilfe stets neuer Schulden, die zu Geld werden, selbst im Gange. Er wird zu einem Perpetuum mobile.

Das Wachstum des Bruttoinlandprodukts mündet allerdings – das ist nun die Kehrseite der Medaille – in einen Wachstumszwang. Der Wachstumsprozess muss immer weiter gehen, denn wenn nicht eine immer neue Ausweitung der Geldmenge aufgrund neuer Investitionen erfolgt, die eine zusätzliche Nachfrage erzeugt, fällt die aus der letzten Investition nachrückende Angebotserhöhung sozusagen ins Leere. Dann steht kein entsprechender Zuwachs der Nachfrage dem schon erfolgten Zuwachs des Angebots gegenüber.

Das Wachstum und die dazu nötige Ausweitung der Geldmenge müssen jedoch – das ist nun zu beachten! – nur so groß sein, dass das Risiko gedeckt wird, das die Unternehmen mit jeder neuen Investition eingehen. In meinem Buch «Die Wachstumsspirale» schätze ich, dass die minimale globale Wachstumsrate etwa 1,8 Prozent beträgt, also wesentlich kleiner ist als die effektive globale Wachstumsrate, die heute eine Höhe von 4-5 Prozent aufweist. Offensichtlich steht dem Wachstumszwang ein Wachstumsdrang zur Seite, der das Wachstum über die nötige minimale Wachstumsrate hinaus treibt.

Wachstumsdrang

Der Wachstumsdrang ergibt sich vor allem daraus, dass die Unternehmungen bzw. die Eigenkapitalgeber, also vor allem die Aktionäre, d.h. die Eigenkapitalgeber der Aktiengesellschaften, wenn sie schon das Risiko der Investition eingehen, nicht nur einen minimalen, sondern einen möglichst großen Reingewinn erzielen wollen. Dieses Streben nach Gewinnmaximierung wird dadurch verstärkt, dass der Wert des Eigenkapitals bzw. der Aktien gleich dem Gegenwartswert der Summe der mit dem Zinssatz abdiskontierten erwarteten künftigen Gewinne ist, und weil die Gewinnerwartung und damit auch die Dividendenerwartung umso höher ist, je größer die Investitionen sind, je größer also das Wachstum der Produktion ist. Dies gilt für alle Unternehmungen und daher für die gesamte Wirtschaft.

Der Wachstumsdrang macht aber nicht bei der Forcierung des realen Wachstums Halt. Vielmehr werden in der Dynamik der Geldvermehrung auch Bankkredite aufgenommen, die nicht der Finanzierung produktiver Investitionen dienen, sondern dazu, spekulative Vermögenswerte zu kaufen. Man kauft Vermögenswerte, von denen man annehmen kann, dass sie im Preis steigen werden, wenn sich die Nachfrage wegen der ständigen Geldausweitung weiter erhöht. Wenn man sie jetzt kauft, kann man daher sozusagen gratis einen Vermögensgewinn erzielen. Dies gilt insbesondere für Aktien. Es lohnt sich daher, sich zu verschulden, also Kredite aufzunehmen, und dafür Zinsen zu zahlen, wenn der Zins niedrig und die erwartete Preissteigerung höher ist als der Zins. Diese Erwartung ist eine Spekulation. Sie ist – wie jede Spekulation – dadurch gefährdet, dass die Zinsen für die spekulativen Kredite steigen können. Sie steigen, wenn die Zentralbank die Kredite für die Zurverfügungstellung von Zentralbankgeld, die die Banken wegen der Ausweitung ihrer Kredite benötigen, nur noch gegen höhere Zinsen gewährt. Diese müssen dann ebenfalls höhere Zinsen verlangen. Die Zentralbanken erhöhen die Zinsen, wenn sie – gerade wegen der spekulativen Geldvermehrung – eine inflationäre Entwicklung befürchten. In diesem Fall kommt es zu einem Platzen der Blase, zu einer Finanzkrise, an die eine Wirtschaftskrise anschließt. Genau dies ist 2008 eingetreten, als die Federal Reserve Bank der USA den Zins von einem auf fünf Prozent erhöht hat.

Was ist aber, wenn es keine Finanzkrisen geben würde? Wäre dann alles in Ordnung? Nein, weil sich der Wachstumszwang und Wachstumsdrang nur durchsetzen lässt, wenn genügend natürliche Ressourcen vorhanden sind, aus denen die Rohstoffe und die Energie gewonnen wird, welche die Basis der Produktion bilden. Dabei gilt: Die Rohstoffe und Energieträger können der Natur entnommen werden, ohne dass der Eigentümer des Ressourcenvorrats der Natur etwas dafür bezahlen muss. Der Verbrauch der Natur ist für ihn gratis. Dies kommt einer Verschuldung gegenüber der Natur gleich, die man nicht begleichen muss. Das macht es lukrativ, sich möglichst viel Ressourcen der Natur anzueignen und produktiv zu verwerten; denn es entstehen selbstverständlich dort die größten Gewinne, wo man etwas verkaufen kann, das man nicht gekauft hat, das man einfach ohne Bezahlung in Besitz nehmen konnte.

Mehr und mehr wird das Wirtschaftswachstum jedoch mit der langfristigen Knappheit der Natur konfrontiert, denn die Welt und damit die Natur ist nicht unendlich groß. Ihre Nutzung kann nicht beliebig ausgedehnt werden. Im Unterschied zum Papier- und Bankgeld, das der Mensch selber herzustellen vermag, ist die Welt – die Natur – dem Menschen vorgegeben und damit begrenzt.

Bei Licht betrachtet ist die Wachstumsspirale der Wirtschaft ein so genanntes Schneeballsystem, das darauf beruht, dass die Gewinnauszahlungen an frühere Investoren aus den Einzahlungen der neuer Investoren gespeist werden. Man zahlt alte Schulden mit neuen Schulden. Im Unterschied allerdings zu einem Schneeballsystem, wie es immer wieder durch betrügerische Kettenbriefaktionen lanciert wird, entstehen im gesamtwirtschaftlichen Schneeballsystem der Wachstumsspirale reale Gewinne und Einkommenszuwächse, weil die Natur gezwungen wird, mitzuspielen. Die Schulden an die Natur müssen ja nicht beglichen werden. Wenn aber die Natur nicht mehr mitspielt, wenn sie uns keinen Kredit mehr gibt, d.h. wenn sich die natürlichen Ressourcen und unser Lebensraum verknappen, weil wir die Naturleistungen nicht nachhaltig bewirtschaften und sie vergeuden, macht sich dies auch wirtschaftlich bemerkbar. Die Ressourcenpreise werden tendenziell steigen, wodurch entweder die Inflation weiter angeheizt wird, oder sich die Gewinne der Unternehmungen bzw. die Einkommen der Haushalte schmälern. Gleichzeitig erhöhen sich die Kosten für den Umweltschutz, d.h. die Reparationskosten für die Natur, soweit Reparaturen überhaupt möglich sind. Oder wir gehen den direkten Naturleistungen verlustig, wie gute Luft, sauberes Wasser, schöne Landschaften, Artenvielfalt und ein menschenverträgliches Klima, das durch die CO_2-Emissionen geschädigt wird. Damit sowie mit den zunehmenden atomaren und anderen Risiken drohen auch unsere Existenzgrundlagen zu schwinden.

Vorschläge zur Geldreform

Was ist angesichts dieser ökonomischen und ökologischen Krisenanfälligkeit unserer Wirtschaft zu tun? Den Wachstumszwang kann man nicht grundsätzlich beseitigen, solange wir aus guten Gründen eine Wirtschaft aufrecht erhalten wollen, die auf selbständigen Unternehmungen basiert, welche in der arbeitsteiligen Marktwirtschaft auf eigene Initiative investieren, dafür aber auch einem Risiko ausgesetzt sind. Niemand wird investieren, d.h. Geld als Kapital, als Vorschuss zur Verfügung stellen, wenn er nur gerade erwarten darf, dass er gleich viel zurückerhält wie er eingesetzt hat. Dann behält er doch lieber gleich das Geld in der Hand als es einem Risiko auszusetzen!

Wir können aber das Wachstum wesentlich reduzieren und qualifizieren. Das Ziel kann und muss eine nachhaltige Wirtschaftsweise sein, die krisenresistenter und umweltschonender ist. Dabei kommt man neben Reformen im Realbereich der Wirtschaft, z.B. durch eine «ökologische Steuerreform», um einschneidende Reformen im monetären Bereich nicht herum.

Grundsätzlich geht es darum, eine Zwischenlösung zwischen dem früheren Goldstandard zu finden, in dem die Geldschöpfung durch die Einlösbarkeit des Papiergeldes in Gold und damit durch die Menge des vorhandenen Goldes beschränkt war, und dem heutigen Währungssystem, in dem eine grenzenlose Schöpfung von Papier- und Buchgeld möglich ist, ohne dass sie von der Zentralbank krisenfrei kontrolliert werden kann. Eine (Wieder-)Bindung an das Gold, die da und dort vorgeschlagen wird, würde die Geldschöpfung zu sehr einschränken. Umgekehrt lässt die heutige Währungsordnung, in der die Geschäftsbanken nur eine kleine Fraktion des Buchgeldes in Zentralbankgeld halten müssen, keine effektive Bindung der Geldschöpfung an gesamtwirtschaftliche Ziele zu. Denn die Zentralbanken müssen die schon vorausgegangene Expansion des Buchgeldes der Geschäftsbanken durch Nachschiessen von Zentralbankgeld honorieren, wenn sie nicht das ganze System der Kreditbeziehungen in Unordnung bringen und damit eine Krise heraufbeschwören wollen. Um die Geldschöpfung wirksam steuern zu können, muss die Zentralbank daher von Anfang an die Geldschöpfung kontrollieren können.

Dies ist nur dann der Fall, wenn die Geschäftsbanken entweder im Voraus zu 100 Prozent über einen entsprechenden Betrag an Zentralbankgeld verfügen müssen, wenn sie Kredite in Form von Bank- oder Buchgeld vergeben, oder wenn die Geschäftsbanken Kredite nur in Form von Zentralbankgeld, also als Vollgeld, vergeben können. Beide Varianten sind möglich.

Wichtig ist in jedem Fall, dass die Zentralbank eine volle Unabhängigkeit gegenüber der Regierung behält bzw. erhält und so verhindert wird, dass sich deren Fiskalinteresse durchsetzt. Dabei ist festzuhalten, dass die Zentralbank nur die Fähigkeit zur Steuerung der Gesamtmenge des Geldes erhalten soll, die Vergabe von Krediten aber den Geschäftsbanken vorbehalten bleibt.

Das Recht und darüber hinaus die Pflicht zu einer Steuerung der Gesamtmenge des Geldes durch die Zentralbank ergibt sich daraus, dass das Geld der Zentralbank per Gesetz sowohl zu einem gesetzlichen wie einem definitiven Zahlungsmittel gemacht und es so ermöglicht wurde, dass ein X-faches der Geldmenge im Verhältnis zur Goldmenge entstehen konnte und weiter entstehen kann. Deswegen muss die Zentralbank in die Lage versetzt werden, die Geldmenge nicht nur pro forma, sondern effektiv steuern zu können und sie nicht ausufern zu lassen. Es gilt, aus dieser Notwendigkeit durch umsichtige Reformen die entsprechenden Konsequenzen zu ziehen.

Finanzreformen und Geldreform – Rückbesinnung auf die monetären Grundlagen der Finanzwirtschaft

Joseph Huber

Die moderne Wirtschaft beruht auf dem Finanzsystem, und dieses beruht auf der Geldordnung. Damit ist eine klare Systemhierarchie gegeben: Geld konditioniert und kontrolliert die Finanzwirtschaft ebenso wie diese die Realwirtschaft. Für jede realitätsbasierte Wirtschaftswissenschaft – sei sie historisch, institutionalistisch oder verhaltensbezogen – ist es evident, ja geradezu trivial, dass Geld das zentrale Steuerungs- und Kontrollmedium der Wirtschaft darstellt.

Trotzdem wird in der Diskussion über die aktuelle Banken- und Staatsschuldenkrise die Rolle der Geldordnung als Kernkomponente des Finanzsystems kaum berücksichtigt. Die schlimmste Krise seit der Großen Depression der 1930er Jahre hat bisher nicht dazu geführt, die Aufmerksamkeit von Wissenschaft, Fachmedien und Politik auf monetäre Grundfragen zu lenken und eine Reform der Geldordnung zum Bestandteil aktueller Finanzreformen zu machen.

Aktuelle Maßnahmen der Banken- und Finanzmarktreform

Die aktuelle Reformdebatte kreist typischerweise um gewisse Praktiken des Investmentbanking und um Strukturen der Finanzmärkte. Eine erste Gruppe solcher Analysen sieht die Schuld für die Krise hauptsächlich in der Deregulierung der Devisen-, Kapital- und Wertpapiermärkte und in einem Trend zum «Kasinokapitalismus». Die als Antwort darauf vorgeschlagenen Maßnahmen zielen auf mehr Finanzaufsicht und eine Eindämmung des Hochfrequenz-Handels. Zu derartigen Maßnahmen gehören

1. die Erhebung einer Finanztransaktions-Steuer,
2. die Überführung von außerbörslichen Wertpapiergeschäften in den registrierten Börsenhandel,
3. die Austrocknung von Off-Shore-Finanzzentren bzw «Steuerparadiesen».

Im Mittelpunkt anderer Analysen steht ein fahrlässig gewordener Umgang mit den Risiken des Kredit- und Investmentbanking. Diesbezüglich vorgeschlagene Maßnahmen beinhalten

4. eine Begrenzung von Bonuszahlungen an Händler und Top-
   manager,
   das Verbot des Eigenhandels der Banken (die so genannte
   Volcker-Regel),
6. striktere Vorgaben für Ratingagenturen und die Gründung
   konkurrierender staatlicher Ratingagenturen,
7. das Verbot von speziellen Wertpapieren, etwa struktu-
   rierten Produkten wie forderungsbesicherten Wertpapieren
   in Form von gut-schlecht-gemischten Hypotheken-Sand-
   wiches; oder das Verbot von ungedeckten Leerverkäufen,
8. transparente Bilanzierung, insbesondere die Rücknahme
   der Erlaubnis, gewisse Risiken außerbilanziell zu führen,
   zum Beispiel in Zweckgesellschaften, die als Verkaufska-
   näle für strukturierte Wertpapiere dienen; darüber hinaus
   auch strengere Vorgaben für andere Schattenbanken wie
   Hedgefonds.

Eine dritte Gruppe von Reformmaßnahmen beruht auf der An-
nahme, dass die seit Jahrzehnten übliche geringe Eigenkapitalbasis
der Banken als Sicherheitspuffer nicht ausreiche, um das Überleben
der Banken unter dem Stress von faulen Krediten und Vermögens-
verlusten bei Geldanlagen zu sichern. Als nahe liegende Antwort auf
dieses Problem wird vorgeschlagen,

9. die Eigenkapitalausstattung der Banken gemäß Übergang
    vom Regelwerk Basel II zu Basel III zu erhöhen, ein-
    schließlich
10. eines Liquiditätsvorrats für mindestens 30 Tage sowie
11. einer Kreditvergabe-Bremse in Form einer maximalen
    Quote der ausstehenden Darlehen zum Kernkapital und
    zu Posten im Handelsbuch einer Bank.

Eine vierte Gruppe von Reformansätzen kreist um die Problematik «too big to fail» bzw. «too interconnected to fail» und versucht,
den Sachzwang zu staatlicher Bankenrettung durch neue Geschäfts-
modelle für Banken aufzulösen. Solche Überlegungen haben Forderungen genährt,

12. ein Trennbankensystem einzuführen, wie es zum ersten Mal 1933 in Form des US-amerikanischen Glass-Steagall-Acts eingeführt worden war und zum Ziel hatte, die «harmlosen» Depositen- und Darlehensbanken (Geschäftsbanken) gegenüber den «gefährlichen» Investmentbanken zu schützen. Einen solchen neuerlichen Vorschlag hat 2011 insbesondere die britische Independent Commission on Banking (Vickers-Kommission) gemacht.

13. Die Einführung von Abwicklungsplänen, gleichsam Geschäftstestamenten, die in guten Zeiten verfasst werden, um im Fall eines Konkurses ein geordnetes Abwicklungsverfahren zu ermöglichen, das ohne staatliche Rettungsmaßnahmen und Steuergelder durchgeführt werden kann.

Wie wirksam wäre die Umsetzung der von 1 bis 13 aufgezählten Banken- und Finanzmarkt-Reformen? Die Aufzählung erstreckt sich in einem Spektrum von kleineren Modifikationen des Status quo bis hin zu echten Strukturreformen. Ein Beispiel für eine Modifikation ist die vorgeschlagene Steuer auf Finanztransaktionen. Sie erhöht die Staatseinnahmen. Sie ändert aber strukturell nicht das Geringste an der Funktionsweise der Geld- und Kapitalmärkte und wird deshalb so wenig bewirken wie bisherige Börsenumsatzsteuern.

Oder betrachten wir die Maßnahmen zur Erhöhung der Eigenkapitalquote der Banken. Sie könnten einen allzu großen Kreditierungs- und Verschuldungs-Überschwang in künftigen Euphorien vielleicht dämpfen. Aber vielleicht auch nicht. Sie werden jedenfalls die Regulierungsdichte erhöhen, das heißt zu mehr Bürokratie führen. Sie werden bei Kundenkrediten die Anforderungen bezüglich Sicherheiten erhöhen und also den Mittelstand, der das Gros der Realwirtschaft ausmacht, schlechter stellen. Und wahrscheinlich werden die Banken sich damit weiterhin selbst über die tatsächlichen Risiken in ihrem Kredit- und Handelsportfolio täuschen. Das Basel-II-Abkommen und die darauf beruhenden Solvenz- und Liquiditätsverordnungen haben zur Verhinderung der gegenwärtigen Banken- und Schuldenmisere nichts beigetragen. Nicht das geringste. Manche Risikoeinstufungen und damit zusammenhängende Eigenkapitalanforderungen erwiesen sich als um Größenordnungen falsch. Beim Ansatz der risikogewichteten Eigenkapitalanforderungen muss ich an John von Neumann denken, einen der Erfinder der Spieltheorie. Sein Motto lautete «Lieber ungefähr richtig als genau falsch.» Die Basler Regeln tendieren dazu, sehr genau falsch statt ungefähr richtig zu sein. Fünf Tage vor ihrem Konkurs brüstete sich Lehman Brothers mit einer Kernkapitalquote von 11 Prozent, fast dreimal höher als von der Regulierungsbehörde verlangt. Sagt das nicht schon alles?

Eines von mehreren Problemen ist hier die Risikogewichtung im Detail. Staatsanleihen von OECD-Ländern besaßen bisher das Risiko null. In Anbetracht chronischer Haushaltsdefizite und kumulierter Staatsschulden ist das spätestens seit den 1980er Jahren eine Schimäre. Ähnliches gilt für Interbanken-Schulden. Sie werden nur mit einem geringen oder keinem Risikofaktor gewichtet, obwohl die Krise seit 2007 anhaltend auch auf einem grassierenden Misstrauen der Banken untereinander beruht. Interbanken-Giralgelder kommen ohnedies in keiner Geldmengenstatistik vor. Im Übergang von Basel II zu Basel III sind Korrekturen an diesen Regeln im Detail bisher kaum vorgesehen. In akademischen und politischen Fachkreisen überwiegt daher die Auffassung, dass es richtiger wäre, statt einer equity ratio eine leverage ratio vorzugeben. Bei letzterer wird die gesamte Aktivasumme einer Bank ungewichtet auf ihr haftendes Eigenkapital bezogen. Dies trägt dem Sachverhalt Rechnung, dass sich das Ausmaß von Risiken schnell ändern kann.

Zudem muss man sehen, dass die Geschäftspolitiken von Banken zum einen und eine gesamtwirtschaftliche Geld- und Kreditmarktpolitik zum anderen zwei verschiedene Dinge sind. Eigenkapitalquoten, gleich ob als leverage ratio oder equity ratio, ergeben nur aus einer bestimmten banking-theoretischen Perspektive einen gewissen Sinn. Aus einer currency-theoretischen Perspektive sind sie jedoch nicht maßgeblich. Denn der Wert des Geldes, seine Kaufkraft, ist nicht durch monetäre Sicherheiten gedeckt, sondern allein durch die Produktivität der Realwirtschaft. Deshalb stellt das Bruttoinlandprodukt (BIP), nicht die Kapitalquote von Banken, den richtigen politisch-ökonomischen Referenzwert für ein angemessenes Geld- und Kredit-Gesamtvolumen dar.

Einige der aufgezählten Maßnahmen werden in verschiedenen Industrieländern in näherer Zukunft eingeführt oder sind bereits umgesetzt worden. Dabei ist zu beobachten, dass die Wahrscheinlichkeit der Umsetzung von Maßnahmen höher ist, wenn diese nur kleine Veränderungen mit sich bringen, und wesentlich geringer, wenn sie mit Strukturveränderungen des bestehenden System verbunden sind. Zudem werden die Maßnahmen im Politikprozess verwässert. Beispielsweise scheint es der Bankenlobby zu gelingen, die in Basel III vorgesehene Kreditierungsbremse, also eine relative Beschränkung der Giralgeldschöpfung der Banken, zu kippen.

Von den vorgeschlagenen Maßnahmen würde ein Trennbankensystem die größten strukturellen Veränderungen mit sich bringen. Dazu ist anzumerken, dass alle aktuellen Geldreformansätze die Trennung der laufenden Kundenkonten und des Zahlungsverkehrs von den Kredit- und Investmentgeschäften der Banken mit sich bringen. Schon alleine deshalb ist ein Trennbankensystem zu begrüßen.

Es gibt aber einen entscheidenden Punkt, den die neuen Vorschläge für ein Trennbankensystem bisher nicht beachtet haben: Solange Depositenbanken an Investmentbanken Kredit geben können, die diese für Geldanlagegeschäfte im globalen Finanzkasino verwenden, kann das Trennbankensystem seinen Zweck nicht erfüllen. Zudem führen Schieflagen im Investmentbanking bei hoher Leverage (kreditärer Aufhebelung) unweigerlich auch zu Schieflagen im Kreditgeschäft. Ein wirkungsvolles Trennbankensystem muss verhindern, dass Investmentbanken und andere Finanzinvestoren mit geliehenem Geld spekulieren oder spekulieren lassen.

Die Vernachlässigung der Frage der Aufhebelung von Geldanlagen per Kredit auf der Grundlage der Giralgeldschöpfung der Banken war wahrscheinlich die Hauptursache für die weitgehende Wirkungslosigkeit des inzwischen historischen Trennbankensystems in den USA. Wie weit eine Trennung von Banken, bzw. von Geschäftsbereichen innerhalb von Banken, wirklich nötig ist, bleibe dahingestellt. Zwei Dinge müssen jedoch gewährleistet werden: Erstens, dass der Kunden-Zahlungsverkehr einer Bank ungestört von möglichen Schieflagen der Bank weiterlaufen kann, und zweitens, dass Geldanlagen ausschließlich auf der Basis von Eigenkapital stattfinden und nicht durch Kreditaufnahme (Fremdkapital) aufgehebelt werden.

Rückbesinnung auf die monetären Grundlagen der Finanzwirtschaft

Der besagte Konstruktionsfehler in Trennbanken-Ansätzen ist typisch für die heute übliche Vernachlässigung monetärer Faktoren in der Finanzanalyse, oder einfacher ausgedrückt, für die Vernachlässigung von Fragen wie: Woher kommt überhaupt das viele anlagesuchende Geld? Warum ist im globalen Finanzkasino so leicht so viel billiges Geld verfügbar? Und warum ist es so mühsam, ausreichend Mittel zu mobilisieren für realwirtschaftliche Investitionen in Güter, Dienste und somit in Arbeitsplätze, die für Produktivität und Wohlstand sorgen?

Die finanziellen Krisenursachen, die in den oben erwähnten Analysen genannt wurden, haben einen gemeinsamen Ursprung, sozusagen einen gemeinsamen Urgrund, eine *monetäre* Ursache der *finanziellen* Gründe der Banken- und Staatsschuldenkrise. Diese monetäre Ursache ist das fraktionale Reservesystem oder, mit anderen Worten, die multiple Giralgeldschöpfung der Banken. Um 100 Einheiten Giralgeld in die Bücher zu schreiben, benötigt das Bankensystem als Zahlungsreserve im Durchschnitt nur zwei Einheiten Bargeld und sechs Einheiten unbares Zentralbankgeld[2].

Die multiple Giralgeldschöpfung alimentiert überproportional den Kredithebel zum Zweck bloßer Finanzanlagen. Zugleich vernachlässigt sie normal rentable realwirtschaftliche Investitionen. Vor allem die international agierenden Großbanken haben ihr Geschäftsmodell verschoben weg vom «kleinen» Kundengeschäft hin zum Investmentbanking, wo mit der Platzierung von Staatsschulden, Börsengängen, der Spekulation mit Derivaten und Devisen oder mit der Finanzierung feindlicher Übernahmen ein auch für Großbanken übergroßes Rad gedreht wird. Da der finanzwirtschaftliche Anteil des

Geldgebrauchs sich gegenüber dem realwirtschaftlichen Anteil zunehmend vergrößert hat und alle Geldanlagen zu verzinsen sind, hat sich über die Jahre hinweg auch die Primärverteilung der Einkommen verschoben zugunsten von Kapitaleinkünften und zum Nachteil von Arbeitseinkommen.

Als Ursache und Ergebnis hiervon wächst die Geldmenge seit Jahrzehnten weit stärker als die Wirtschaft. In den USA beispielsweise ist in den letzten zehn Jahren das reale BIP (inflationsbereinigt) um 16 Prozent, das nominale BIP (mit Inflation) um 45 Prozent gewachsen, während die Geldmenge M1 um 70 Prozent und die weitere Geldmenge M2 um 80 Prozent zugenommen haben. In Deutschland wuchs zwischen 1992 und 2008 das reale BIP um 23 Prozent, das nominale inflationäre BIP um 51 Prozent, während die Geldmenge M1 dazu nochmals stark überproportional um 189 Prozent zulegte – eine Zunahme, die über jedes plausible Ziel weit hinausschießt, selbst wenn man das Wirtschaftswachstum in globaler Perspektive betrachtet[3].

Bis in die 1980er Jahre bewegte sich der Wert der Aktiva des US-Finanzsektors auf einem Niveau um 450 Prozent des BIP. Von da an bis zum Beginn der Bankenkrise im Jahr 2007 stiegen die Aktiva des US-Finanzsektors auf über 1000 Prozent des BIP, was eine Zunahme jenseits aller realwirtschaftlicher Fundamentaldaten darstellt.[4] Ein langfristig überschießendes Geldangebot zusammen mit kreditgehebeltem Handel von Wertpapieren sind Zeichen einer zunehmenden Abkopplung der Finanzwirtschaft von der Realwirtschaft.

Ein Geldüberhang führt zu einer Inflation der Erzeuger- und Verbraucherpreise. Wir haben uns an eine jährliche Kaufkrafteinbuße von zwei bis fünf Prozent gewöhnt. Das scheint relativ wenig, ist aber gleichwohl Inflation. Über eine Periode von zehn Jahren verzehrt sie ein Viertel bis die Hälfte der ursprünglichen Kaufkraft der Geldvermögen.

Viel bedeutender geworden ist in den zurückliegenden zwei bis drei Jahrzehnten jedoch die Preisinflation von Anlagewerten (engl. *asset price inflation*). Besitzer von Aktien und anderen Wertpapieren sowie die Eigentümer von Immobilien sehen in jedem Preisauftrieb ihrer Vermögen eine willkommene Wertsteigerung und wollen nichts davon wissen, dass es sich ab einer gewissen Grenze fast immer um eine spekulative Blase handelt. Deren Implosion richtet jedesmal großen Schaden an, und zwar nicht nur, indem sie private Vermögen dezimiert und Finanzinstitute in bilanzielle Schieflagen bringt, sondern auch indem sie die Realwirtschaft mit ihren Arbeitsplätzen und Einkommen in die jeweilige Überinvestment- bzw. Überschuldungskrise der Finanzakteure mit hineinzieht.

Schuld an der überschießenden Giralgeldschöpfung ist aber nicht allein die kreditgehebelte Finanzspekulation. Eine mindestens ebenso bedeutende Ursache liegt in den chronischen Defiziten der öffentlichen Haushalte und den sich immer weiter auftürmenden öffentlichen Gesamtschulden. Wenn der Staat neue Schulden macht, wird durch die Geschäftsbanken eine entsprechende Summe an Giralgeld (Sichteinlagen auf laufenden Konten) geschaffen und gegebenenfalls von der Zentralbank (fraktional) refinanziert. Der Mechanismus, durch den Staatsschulden durch Giralgeldschöpfung der Geschäftsbanken finanziert werden, ist je nach Währung und Land etwas verschieden, aber das Ergebnis ist stets das gleiche.

Staatshaushalte bewegen sich meist im Defizit, weil Regierungen gewöhnlich mehr ausgeben, als die Steuereinnahmen erlauben würden. Gründe dafür sind der herrschende Wählerklientelismus, sowohl von Seiten der Parteien als auch von Seiten der Wähler (die nächsten Wahlen stehen immer bevor), hohe Sozialausgaben, außerhalb Europas teilweise auch hohe Militärausgaben, ebenso allgegenwärtiger Lobbyismus samt privilegierten Steuererleichterungen und Subventionen, darunter zuletzt auch große Summen für staatliche Banken-Rettungsfonds. Letztere, zusammen mit krisenbedingten Steuereinbußen, haben die Staatsverschuldung nochmals schubhaft gesteigert. Man würde sich jedoch etwas vormachen, wenn man dem alleine die Schuld an der chronisch gewachsenen Staatsverschuldung zuschreibt.

Die öffentliche Verschuldung hatte schon vor der Bankenkrise kritische Grenzen längst überschritten. Die finalen Maßlosigkeiten der Bankenkrise zwingen nun Politiker und Banker gleichermaßen zur späten Einsicht, dass das vorhandene Übermaß der Verschuldung nicht aufrechterhalten werden kann. Banken haben jahrzehntelang jede öffentliche Schuldenaufnahme der Industrieländer gedankenlos finanziert – hat der Staat doch ein Steuermonopol und ein Gewalt-monopol um Steuern einzutreiben, was ihn in den Augen der Ban-ken normalerweise zum denkbar besten Schuldner macht. Nach der durch die Immobilienblase in den USA ausgelösten Bankenkrise ver-langen jetzt plötzlich dieselben Kreditinstitute, die an der jüngsten Banken- und Finanzkrise schuld waren und durch Riesensubventi-onen vor dem Bankrott gerettet werden mussten, Wucherzinsen von den nunmehr endgültig überlasteten Regierungen, deren Überschul-dung sie jahrzehntelang gedankenlos finanziert haben. Gestern noch mit Bestnote versehen, heute zu Ramsch degradiert. Kein Wunder, dass Investmentbanking und Finanzmärkte als unberechenbare ma-nisch-depressive Ungeheuer charakterisiert werden.

Das überproportionale Wachstum der Geldmenge ist der Finanz-wissenschaft als «Marshallian k» bekannt. Das wurde jedoch allgemein ignoriert. Sich damit kritisch auseinander zu setzen, passt nun einmal nicht ins Geschäftskonzept von Banken, Kapitalanlagefonds und an-deren Finanzinstitutionen. Historisch gesehen hat das Verhältnis der Geldmenge zum BIP im langfristigen Durchschnitt seit jener Zeit zuge-nommen als Banken damit begannen, eigene Zahlungsmittel in Form von Banknoten und Sichtguthaben in Umlauf zu bringen. Im Verlauf der industriellen Revolution wurden zuerst mit dem 19. Jahrhundert Münzen durch Privatbanknoten als wichtigstem Zahlungsmittel ersetzt. Daraus folgende Inflationserscheinungen, andere ökonomische Disfunktionen sowie der Verlust des staatlichen Geldschöpfungsgewinns, der Seigni-orage, an die Banken riefen in den 1840er Jahren die Kontroverse zwi-schen zwei Schulen, der britischen Currency-School und der Banking-School hervor. Durch das Peel'sche Bankengesetz von 1844 wurde der geldpolitische Konflikt zugunsten des Currency-Ansatzes entschieden, das heißt zugunsten einer Trennung zwischen Geld und Kredit, wobei die Geldschöpfung verstaatlicht bzw. unter staatliche Kontrolle gestellt wurde, während das Kredit- und Investmentgeschäft auf der Grundla-ge staatlichen Geldes Sache der Banken blieb. Diesem Modell folgend wurden in den Ländern Europas private Banknoten bis zum Ersten Welt-krieg ausgeschleust. Die Emission von Banknoten wurde zum Vorrecht der nationalen Zentralbanken, von denen viele bei dieser Gelegenheit erst gegründet wurden und die deshalb auch Notenbanken heißen.

Allerdings, die Kontrolle der Zentralbanken über die Geldmenge war durch diesen Schritt auch damals nicht vollständig gegeben, denn der Anteil des Giralgeldes für den bargeldlosen Zahlungsverkehr lag schon damals bei etwa einem Drittel der Geldmenge M1.[5] Im Verlauf des 20. Jahrhunderts wurde die Kontrolle der Zentralbanken über das Geldangebot dann weiter untergraben durch die allgemeine Verbreitung des bargeldlosen Zahlungsverkehrs über Girokonten, zusätzlich verstärkt durch computerisierte Transaktions- und Clearingsysteme und die Globalisierung des Geld- und Kapitalverkehrs. Einen Masterplan hat es dafür wohl nicht gegeben, aber zweifellos entsprach diese Entwicklung dem Eigeninteresse der Banken.

Die vorherrschende Meinung geht noch immer dahin, es seien die Zentralbanken, die das Geld schöpfen, die Geldmenge unter Kontrolle haben und den Geldschöpfungsgewinn einstreichen. In Wirklichkeit haben sie ihr Vorrecht der Geldschöpfung längst weitgehend an die Geschäftsbanken verloren. In Europa besteht die Geldmenge M1 je nach Land heute nur noch zu fünf bis zwanzig Prozent aus Zentralbanknoten und staatlichen Münzen, aber zu 80–95 Prozent aus dem Giralgeld der Banken. Von daher lässt sich das Ziel einer neuerlichen Reform der Geldordnung recht einfach formulieren: Dem Giralgeld der Geschäftsbanken ein Ende setzen zugunsten von Zentralbankgeld, sinngemäß analog den Geldreformen des 19. Jahrhunderts, als private Banknoten durch Zentralbanknoten ersetzt wurden.

Der Verlust der effektiven Kontrolle über die Geldschöpfung führt zusammen mit der überschießenden kreditären Aufhebelung von Geldanlagen seit nunmehr 20–30 Jahren zu häufiger werdenden und «wandernden» spekulativen Blasen rund um den Globus. Das Geschäftsgebaren der Kredit- und Investmentbanken und der anderen Finanzmarktakteure ist stark prozyklisch. Dies treibt Finanzmarktzyklen, teils auch Konjunkturzyklen wie die Dotcom-Blase bis 2000, in sonst kaum erreichte Extreme, erzeugt Inflation und, von zunehmender Bedeutung, Asset-Price-Inflation von Finanztiteln und Immobilien. Die resultierende Überanlage (aktivisch) und Überschuldung (passivisch) erzeugt nach der Implosion der überexpansiven Phasen bilanzielle Schieflagen, indem der Wert der Aktiva schrumpft, die Schulden aber Schulden bleiben. Die Schieflagen und Konkurse entladen sich in schweren Krisen, die ganze Volkswirtschaften massiv schädigen können.

Am Ende bedrohen diese Prozesse auch die im Verlauf verwundbar gewordenen Banken selbst, die Sicherheit der Bankeinlagen, also die Guthaben des Publikums, und die Aufrechterhaltung des Zahlungsverkehrs – was wiederum die Regierung unter Druck setzt, die angeschlagenen Banken zu retten. Dabei entsteht ein neuer Schlamassel aus weiter gesteigerter öffentlicher Überschuldung und geldpolitischer Lockerung (*quantitative easing* durch Niedrig- bis Nullzinsen für Reserven), wodurch Banken kurzfristig zwar gestützt werden, das Geld jedoch tendenziell entwertet und die Asset-Price-Inflation erneut angetrieben wird. Währenddessen fahren die Bankmanager und Trader ungehindert damit fort, sich exorbitante Gehälter und Boni auszuzahlen ...

Unter den Bedingungen einer faktisch kaum begrenzten Giralgeldschöpfung durch den Bankensektor erweist sich das Modell sich selbst regulierender Finanzmärkte (*efficient market theory*) als bloße Banking-Ideologie, die keiner Prüfung ökonomischer Tatsachen standhält. Weit davon entfernt, ein Gleichgewicht zu finden, überschießen und kollabieren die Finanzmärkte immer wieder.

Eine Wiederbesinnung auf die monetären Grundlagen der Finanzwirtschaft und eine Reform der Geldordnung, insbesondere der Geldschöpfung, sind geeignet, dieser Art von wiederkehrend kollabierender Überschussdynamik vorzubeugen. Um möglichst störungsfrei zu funktionieren, muss die Finanzwirtschaft auf einem stabilen und legitimen Geldsystem beruhen, mit einer weder über- noch untersteuernden Geldversorgung im Einklang mit dem Wachstumspotenzial der Realwirtschaft.

Vollgeld und Monetative.
Entstehung einer neuen Geldreformbewegung

Die Finanzkrise seit 2007/08 hat der Entstehung einer neuen Geldreformbewegung merklich Vorschub geleistet. Im Frühjahr 2009 gehörte ich im deutschsprachigen Raum zu den Initianten des Geldreform-Netzwerks *Monetative*.[6] Der Ausdruck *Monetative* bezeichnet eine monetäre Staatsgewalt, analog zur legislativen, exekutiven und judikativen Staatsgewalt.[7] In diesem Sinn steht Monetative für einen eigenständigen Bereich öffentlichrechtlicher Organe, denen es obliegt, die staatliche Geld- und Währungshoheit auszuüben, unabhängig von den anderen Staatsgewalten und verantwortlich für die Bereitstellung der gesetzlichen Zahlungsmittel, die Kontrolle ihres Mengenumlaufs, das nationale Devisenmanagement sowie gegebenenfalls auch für Aspekte der Bankenaufsicht.

Die damit verfolgte Geldreform zielt auf eine Vollgeldordnung und steht in der Tradition der Currency-Lehren der Geldpolitik. Vollgeld bedeutet vollwertiges gesetzliches Zahlungsmittel, das als allgemeines reguläres Zahlungsmittel zu benutzen und zu akzeptieren ist. Vollgeld wird von der unabhängigen staatlichen Zentralbank oder einem vergleichbaren öffentlich-rechtlichen Organ herausgegeben.

Im Unterschied zu Giralgeld stellt Vollgeld nicht bloß einen Anspruch auf (Zentralbank-)Geld dar, auch keine derartige Verbindlichkeit, sondern es *ist* unmittelbar voll gültiges Geld in eigenem Recht. Es kann und soll den Inhaber wechseln, aber es kann nicht aus einer Bankbilanz und damit in seiner Existenz verschwinden.

Zwischen Vollgeld und Kredit besteht ein klarer Unterschied. Geld ist ein allgemeines Zahlungsmittel und somit ein Gemeingut, das sich von daher auch in Gemeineigentum befinden sollte (naheliegenderweise im Eigentum der staatlichen Zentralbank). In der modernen Wirtschaft ist jedes Geld so genanntes Zeichengeld. Es besteht, wie schon Aristoteles erkannte, nicht von Natur aus, sondern durch Gesetz (*fiat money*). Es kann nach dem Willen dazu autorisierter Stellen frei geschöpft, das heißt geschaffen und in Umlauf gesetzt werden. Daraus ergibt sich sowohl rechtlich als auch funktional, dass die Schöpfung und Mengenkontrolle der gesetzlichen Zahlungsmittel unter jemandes zurechenbarer Verantwortung und Kontrolle stehen müssen – unter heutigen Bedingungen naheliegenderweise unter Verantwortung und Kontrolle unabhängiger staatlicher Zentralbanken als Monetative.

Die heutigen Zentralbanken sind aus ehemals privilegierten kommerziellen Privatbanken bereits zunehmend zu den staatlichen

Geld- und Währungsorganen geworden, die sie vollends werden sollen. Ihre Aufgabe ist es, die Wirtschaft mit Geld zu versorgen, das heißt mit gesetzlichen Zahlungsmitteln sowohl in Form von Bargeld (Münzen und Banknoten) als auch in Form von Buchgeld (auf Geldkonten und mobilen Geldspeichern).[8] Sie verwalten die Devisen ihres Währungsbereichs und haben die Aufgabe, den Außenwert der Währung und die Kaufkraft des Geldes zu sichern, bei Bedarf zusätzliches Geld in Einklang mit dem Wachstum der Realwirtschaft zu emittieren und den Geldschöpfungsgewinn den öffentlichen Haushalten zukommen zu lassen. Ein souveräner Staat sollte in Ergänzung seiner legislativen, administrativen und judikativen Souveränität auch monetäre Souveränität genießen und nicht vom Wohl und Wehe kommerzieller Kredit- und Investmentbanken abhängig sein.

Es mag zunächst irritieren, aber die Aufgabe der Banken besteht *nicht* darin, die Wirtschaft mit Geld zu versorgen (das ist Aufgabe der Monetative), sondern wirtschaftliche Aktivitäten auf Grundlage zirkulierenden Geldes zu *finanzieren*: durch Serviceleistungen des Geldwechsels und Zahlungsverkehrs, durch Kredite (Darlehen), durch Platzierung von Wertpapieren oder Vermittlung von Kapitalbeteiligungen und Firmenfusionen. Das Geld für solche Aktivitäten zu emittieren, soll jedoch nicht zum Geschäft der Banken gehören.

Die Geldordnung ist Teil der rechtlichen und institutionellen Grundordnung. Sie regelt Fragen wie: Wer hat das Recht, Geld zu schöpfen? Wer hat die Kontrolle über die in Umlauf befindliche Geldmenge? Wem stehen die Einnahmen zu, die aus der Geldschöpfung resultieren? Das staatliche Geldregal ist eine Frage von Verfassungsrang, auf einer Stufe mit den staatlichen Prärogativen der Gesetzgebung, der gebietshoheitlichen Verwaltung, der Rechtsprechung, dem Steuermonopol und Gewaltmonopol.

In der mehr als hundertjährigen Geschichte der Geldreformbewegung finden sich große Namen, unter ihnen Silvio Gesell, Urheber der Freigeld-Theorie aus den 1910er Jahren, und C.H. Douglas, der die Idee des «social credit» und einer «national dividend», einer nationalen Geldschöpfungsdividende, in den 1920er Jahren entwickelte. Ihnen folgten die 100-Prozent-Reserveansätze der 1930er Jahre, ausgehend von Frederick Soddy's Publikation zum Thema aus dem Jahr

1926, weiter ausgearbeitet als Konzept des *100%-banking* oder *Chicago plan* nach Henry Simons, Frank Knight, Milton Friedman und anderen, sowie als *100%-money* nach Irving Fisher.[9] Im Englischen werden diese Ansätze auch als *full reserve system* bezeichnet. Teilweise ähnliche Ideen hatten auch Ökonomen wie z.b. Ludwig von Mises, Walter Eucken, Kenneth Galbraith, James Tobin, Maurie Allais und Giacinto Auriti. Obwohl dies große akademische Namen sind, wurden ihre kritischen Analysen des Geldsystems und ihre Reformvorschläge nicht Teil des akademischen Mainstreams. Als Folge davon fehlt in den Lehrbüchern eine realitätsnahe Analyse der Funktionsweise und der Auswirkungen des bestehenden Geldsystems. Obschon diese als fraktionales Reservesystem bzw. System der multiplen Giralgeldschöpfung thematisiert werden, bleibt die Darlegung des Systems in wichtigen Punkten fehlerhaft, insbesondere was den Geldmultiplikator und die Rolle von Ersparnissen angeht.[10]

In den 1990er Jahren habe ich mit der Entwicklung eines neuen Ansatzes zur Überwindung des fraktionalen Reservesystems unter dem Begriff Vollgeld im oben erläuterten Sinn begonnen.[11] Vollgeld stellt nicht nur eine Forderung auf ein gesetzliches Zahlungsmittel dar, sondern verkörpert dieses selbst. Der Vollgeldansatz unterscheidet sich vom Konzept einer «full reserve» oder 100-Prozent-Reserve unter anderem darin, dass Vollgeld keine Reserve braucht, weil es selbst Zentralbankgeld darstellt und damit die «Reserve» ist. Es entsteht und existiert nicht als täglich fällige Kunden-Forderung an die Bank bzw. Bank-Verbindlichkeit gegenüber den Kunden, sondern es entsteht und zirkuliert im Publikum außerhalb der Bankbilanzen.

Zusammen mit James Robertson, der zur gleichen Zeit ähnliche Ideen verfolgte, haben wir den Vollgeldansatz um die Jahrtausendwende als *Seigniorage Reform* weiter thematisiert.[12] Es ging uns nicht darum, das 6–8-prozentige Reservesystem zu einem 100-Prozent-Reservesystem aufzustocken, sondern das Reservesystem als solches aufzuheben durch einen Übergang zu einer Vollgeldordnung.

Im Lauf der Jahre hat sich der Vollgeldansatz, bei teils unterschiedlichen Bezeichnungen, durch neuere Geldreform-Initiativen international verbreitet. In der Schweiz ist es der Verein *Monetäre*

Modernisierung (MoMo), der sich für eine Vollgeldreform einsetzt.[13] Im angelsächsischen Raum wird eine Vollgeldreform vom *American Monetary Institute* unter der Bezeichnung «US-money» verfolgt,[14] in Großbritannien unter dem Namen *Positive Money* von der Initiative gleichen Namens.[15] Zu weiteren Initiativen mit gleicher Programmatik gehören *Primit (Programma per la Riforma Monetaria Italiana)*[16] und *Moneta@Proprietà*[17] in Italien oder *Vivant*[18] in Belgien.

Gemeinsamkeiten aktueller Geldreformansätze

Den genannten Reforminitiativen ist gemeinsam, dass sie das bestehende fraktionale Reservesystem als die eigentliche Ursache der wiederkehrenden Banken- und Finanzkrisen identifizieren und ihre Reformforderungen daher drei Kernpunkte enthalten:

1. die Ausweitung des staatlichen Vorrechts der Geldschöpfung (Geldregal) auf das Buchgeld (die heutigen Sichtguthaben) und die Übertragung der Verantwortung dafür auf ein unabhängiges Geld- und Währungsorgan (Monetative),

2. die Unterbindung der Giralgeldschöpfung durch Banken und

3. das In-Umlauf-Bringen von neu geschöpftem Geld durch öffentliche Ausgaben, wodurch der Geldschöpfungsgewinn (Seigniorage) ungeschmälert der Staatskasse zugute kommt.

In Bezug auf den letzten Punkt wird manchmal eine Frage aufgeworfen, welche die heute vorhandene Zweideutigkeit des Begriffs der Seigniorage deutlich macht: Warum nicht die Emission von neuem Geld per Zentralbank-Kredit an die Geschäftsbanken fortsetzen, da doch die Zinseinnahmen der Zentralbank hieraus in voller Höhe dem Staatshaushalt zufließen? Die Antwort ist, dass die Seigniorage aus der Emission von Vollgeld etwas anderes ist als die (irreführenderweise ebenso genannte) «Seigniorage» aus einer Geldemission per Kredit bzw. Verschuldung.

«Seigniorage» aus kredit-emittiertem Geld ist keine Seigniorage im originären Sinn, sondern ein Zinsmargen-Extragewinn.

Dieser entsteht, weil ein Kredit normal verzinst und getilgt werden muss, während die kredit-ausstellende Bank selbst nur wenig von dem betreffenden Betrag verzinslich vor- oder refinanzieren muss (durchschnittlich etwa 8 Prozent Bar- und Reservehaltung). Aus der Differenz zu einer 100 Prozent Vor- oder Refinanzierung ergibt sich der Margenextragewinn der Banken. Davon muss man allerdings noch die Habenzinsen abziehen, die Banken auf Spar- und Terminguthaben zahlen. Die meisten dieser Guthaben stellen zwar passivisch stillgelegte Giralgelder dar, die aktivisch der Bank nichts nützen, denn nur ein geringer Teil von Spar- und Termineinlagen ist mit einem Reservenzufluss an eine Bank verbunden. Gleichwohl dürfte sich im Endergebnis für den Bankensektor der Schweiz ein jährlicher Margenextragewinn in Höhe von schätzungsweise 6–12 Mrd. Franken ergeben, im deutschen Bankensektor schätzungsweise um 15–25 Mrd. Euro. Diesen Margenextragewinn als «Seigniorage» zu bezeichnen bringt auf bemerkenswert unverstellte Weise die Usurpation einer hoheitlichen Funktion durch kommerzielle private Banken zum Ausdruck.

Dagegen besteht die Seigniorage aus Vollgeld in einem neu geschöpften Geldbetrag, der durch realwirtschaftliche Erstverwendung in Umlauf gebracht wird, abzüglich der Kosten, die zur Bereitstellung des Geldbetrags aufgewendet werden mussten. Die Seigniorage von modernem Buchgeld ergibt sich fast vollständig als die durch geringe Bereitstellungskosten kaum geschmälerte Kaufkraft des neu in Umlauf zu bringenden Geldes. Dieses braucht nicht verzinst zu werden und ist mit keinem konkreten Tilgungsdatum versehen. Wäre es ausnahmsweise erforderlich, die Vollgeldmenge zu verringern, könnte dies für eine kurz- und mittelfristig vorübergehende Verringerung durch Offenmarktgeschäfte geschehen, wie auch heute, oder aber im Fall langfristiger Reduzierung der Geldmenge durch einen Rückfluss von Geld aus dem Steueraufkommen durch Belastung des staatlichen Kontos bei der Zentralbank (was in der Praxis vermutlich kaum vorkommen dürfte). Außerdem wäre die Seigniorage durch Erweiterung der Vollgeldmenge in Wachstumsphasen höher und in einem Wirtschaftsabschwung geringer. Die Verzinsung und Tilgung von Kreditgeld ist dagegen immer hoch und im Wirtschaftsabschwung disfunktional, weil dadurch Geld der Realwirtschaft ausgerechnet dann entzogen wird, wenn sie es am dringendsten benötigt.

Die Frage, ob neues Vollgeld als originäre Seigniorage an den Staatshaushalt oder als als verzinslicher Zentralbank-Kredit an Geschäftsbanken emittiert werden soll, kann man jenseits des prinzipiellen Unterschieds durchaus pragmatisch handhaben. Langfristig zur Geldmenge hinzugefügte Beträge machen den größten Teil der Ausweitung der Geldversorgung aus und sollten deshalb regelmäßig als Seigniorage durch Staatsausgaben in Umlauf kommen. Wenn es aber aus wichtigem Grund erforderlich würde, kann die Zentralbank ausnahmsweise auch Geld per kurz- und mittelfristigem Kredit an die Geschäftsbanken zur Verfügung stellen.

Unterschiede zwischen aktuellen Geldreformansätzen

Außer den grundlegenden Gemeinsamkeiten gibt es auch einige Unterschiede zwischen den aktuellen Geldreform-Initiativen. Manch einem ist unklar, ob er für Vollgeld oder ein 100-Prozent-Reservesystem eintritt. Das geht meist einher mit Ungenauigkeiten in Bezug auf operative Details betreffend Konten und Bilanzen. Auch hinsichtlich der Zwecke, für die neu geschöpftes Geld ausgegeben werden sollte, gibt es unterschiedliche Präferenzen. Zudem bestehen in den USA und Europa unterschiedliche Vorstellungen über den institutionellen Status der angestrebten Monetative.

Wofür soll neu geschöpftes Geld ausgegeben werden?

Die Frage nach dem konkreten Zweck, für den neu geschöpftes Geld ausgegeben werden sollte, ist nicht unwichtig, zumal unter Aspekten politischer Resonanz, aber trotzdem nicht von grundlegender Bedeutung. Zu den Zwecken, die häufig genannt werden, gehören Grundeinkommen, Gesundheitsdienste (USA), Bildungsausgaben, Infrastruktur-Investitionen (USA und UK), die Tilgung öffentlicher Schulden oder Steuersenkungen. Es ist natürlich immer anregend, sich auszumalen, was man mit Geld tun würde, wenn man es hätte. Robertson und ich sind zu dem Schluss gekommen, dass es nicht nötig ist, diesbezüglich eine Vorfestlegung zu treffen. Man muss das faktisch der jeweils im Amt befindlichen Regierung überlassen. Das heißt, neu geschöpftes Geld würde, gleich dem heutigen Zentralbankgewinn, nicht zweckgebunden in den öffentlichen Haushalt einfließen. Nach einem haushälterischen Grundprinzip dienen alle Einnahmen der Finanzierung aller Ausgaben.

Als Alternative zur Finanzierung von Staatsausgaben könnte das neu geschaffene Geld auch in Form einer Pro-Kopf-Zuwendung, einer Bürgerdividende, ausgezahlt werden. In der Schweiz würde dies (nach eher konservativen Annahmen bezüglich des Geldmengenzuwachses) eine jährliche Bürgerdividende in einer Größenordnung von etwa 2.400 Franken pro Kopf ergeben, in Europa allgemein um 600 bis 1.000 Euro. US-Bürger würden jährlich etwa 900 bis 1.400 Dollar pro Kopf erhalten.[19] Das ist sicherlich kein Vermögen, aber es wäre wohl recht populär.

Hixson berichtet über ein solches System in Maryland von 1733. Die damalige Kolonialregierung gab wie die anderen amerikanischen Regionalregierungen in Ermangelung britischer Münzen eigenes Papiergeld heraus (*colonial bills*). Jeder steuerzahlende Bürger erhielt einen gleichen Pro-Kopf-Anteil zins- und tilgungsfrei ausgezahlt. Das soll gut funktioniert haben, bis 1751 auf Betreiben der britischen Banken die Gratisverteilung von colonial bills durch das Parlament verboten wurde.[20] Wie Zarlenga feststellt, dürfte die allgemeine Verbitterung über das Verbot von kolonialen Banknoten der eigentliche Grund für den amerikanischen Unabhängigkeitskrieg gewesen sein.[21] Niall Ferguson vertritt die Auffassung, jeder bedeutende historische Vorgang habe einen finanziellen Hintergrund.[22]

Wer soll staatliches Geld schöpfen: die unabhängige Zentralbank oder Regierung und Parlament?

Ein Unterschied zwischen dem *American Monetary Act* und den anderen aktuellen Geldreformansätzen betrifft den institutionellen Status des geldemittierenden Staatsorgans. In Europa fällt diese Funktion den nationalen Zentralbanken bzw. der Europäischen Zentralbank zu. Die europäischen Zentralbanken befinden sich vollständig oder mehrheitlich in staatlichem Besitz. Sie unterliegen einem öffentlichrechtlichen Regime. Bei der Federal Reserve (Fed) in den USA ist das anders. Sie steht als privatrechtliches Konsortium im Besitz von Geschäftsbanken. Freilich unterliegt auch die Fed einer gesetzlichen Regulierung, von der Besetzung der Führungspositionen bis zur Ausschüttung des Zentralbankgewinns überwiegend an die Staatskasse.

Der *American Monetary Act* sieht vor, die Fed zu verstaatlichen und sie dem Finanzministerium zu unterstellen. Die uneingeschränkte Befugnis zur Ausgabe aller gesetzlichen Zahlungsmittel würde einer Währungskommission (*currency board*) unter dem Dach des Finanzministeriums übertragen. Ein solches institutionelles Arrangement kann leicht in Konflikt geraten mit der vorgesehenen Unabhängigkeit der Währungskommission und der Geldpolitik nach Ermessen der Zentralbank.

In den Vereinigten Staaten scheint man kein Problem damit zu haben, dass das Parlament oder das Finanzministerium im Auftrag des Parlaments «Geld druckt». Artikel 1, Absatz 8 der US-Verfassung gibt dem US-Kongress das ausdrückliche Recht, das nationale Geld zu schöpfen. In der Kolonialzeit, im Unabhängigkeitskrieg, im Sezessionskrieg und bis zum heutigen «quantitative easing», hat das staatliche oder staatlich veranlasste «Geld-Drucken» in den USA eine sozusagen patriotische Funktion erfüllt (auch wenn das die Währung meist ruiniert hat). Der Kongress hat das «Geld-Drucken» 1913 per Vertrag der Fed übertragen, könnte es aber jederzeit wieder an sich ziehen. In Europa sieht man das «Geld-Drucken» durch Regierungen aus historischer Erfahrung überwiegend negativ. Deshalb ist in Europa die Vorstellung, dass die Geldpolitik und die Zentralbanken unabhängig sein sollen, stärker verankert.

Weder die Regierung noch das Parlament sollen Einfluss nehmen dürfen auf die Entscheidungen der unabhängigen Zentralbank, wieviel Geld sie für potenzialgerecht erachtet und wieviel Seigniorage in Form neu geschöpften Geldes sich daraus ergibt. Noch viel weniger sollen Banken und andere Finanzinstitutionen darauf Einfluss nehmen können. Parlamente beschließen Gesetze, mischen sich aber nicht in deren Vollzug und in die Rechtsprechung ein. Analog dazu besteht die Aufgabe der Parlamente darin, eine Rechtsordnung für das Geldsystem, die Banken und die Finanzmärkte vorzugeben, nicht jedoch, selbst Geldschöpfung oder Bankengeschäfte zu betreiben. Aus diesem Grund ist das Konzept einer unabhängigen Zentralbank, einer Monetative als einer in der Verfassung verankerten vierten Gewalt, ordnungspolitisch das richtigere. Aber auch wenn man institutionelle Arrangements für wichtig hält, sollte man ihre Bedeutung nicht überschätzen. Die kulturellen und politischen Fundamente des kodifizierten Rechts erweisen sich immer wieder als brüchig. Davon abgesehen können unterschiedliche institutionelle Arrangements durchaus den gleichen Zweck erfüllen.

Vollgeld oder 100-Prozent-Reserve?

Aktuelle Geldreformansätze unterscheiden sich schließlich auch im Hinblick auf buchhalterisch-bilanzielle und operative Details. In einem Vollgeldsystem kann die Giralgeldschöpfung der Banken auf einfache und reibungslose Weise beendet werden: Die Girokonten der Bankkunden würden aus den Bankbilanzen ausgegliedert und separat als Geldkonten der Kunden geführt werden. Die Banken könnten weiterhin die Kontoführung und den Zahlungsverkehr für Kunden als Service anbieten, genau so, wie sie heute Kundendepots verwalten, die außerhalb der Bankenbilanzen geführt werden. Als Folge davon könnten Banken nicht länger Giralgeld schöpfen und damit 80-95 Prozent der Geldmenge in Umlauf bringen. Sie wären reine Geldvermittler. Das Geld selbst aber, mit dem Banken und Publikum operieren, würde ausschließlich von der Zentralbank stammen.

In einem Vollgeldsystem stellen bargeldlose Überweisungen von und auf Geldkonten zirkulierendes Zentralbankengeld dar. Ein Zufluss von Vollgeld bedeutet nicht nur einen buchhalterischen Eintrag, sondern den tatsächlichem Eingang von unbarem Geld. Es handelt sich um Zentralbankengeld auf einem Bank- oder Kundenkonto; es repräsentiert nicht Geld, das sich anderswo befindet, etwa auf dem Konto einer Geschäftsbank bei der Zentralbank, das ohnedies nur ein «multiples Versprechen» auf eine Geldzahlung ist.

Unter Geldreformern lässt sich gelegentlich eine gewisse Unschlüssigkeit feststellen, ob das bestehende fraktionale Reservesystem in ein Vollreserve-System oder in ein Vollgeldsystem weiterentwickelt werden soll. Der Huber/Robertson-Ansatz einer Seigniorage-Reform und die oben genannten Entwürfe zu einem *American Monetary Act* und einem *Bank of England Act* streben die Einführung eines Vollgeldsystems an. Dies geschieht im letzteren Fall dadurch, dass das gesamte Kunden-Kontokorrent einer Bank kollektiv aus der Bankbilanz ausgegliedert und als Vollgeld-Kunden-Kontokorrent bei der Zentralbank geführt wird, also nicht in Form individueller Geldkonten der Kunden, wie durch Huber/Robertson vorgesehen. Wesentlich ist jedoch, dass auch ein kollektives Sammel-Transaktionskonto für Kundengelder und Kundenzahlungen außerhalb der Bankbilanz geführt wird, sozusagen als ein eigenständiger Geldfonds. Auf dem individuellen laufenden Konto eines Bankkunden wird der jeweilige Anteil des betreffenden Kunden an diesem Geldfonds verbucht.

Die Bank verwaltet diesen Transaktionsfonds als Service, hat damit aber geschäftlich sonst nichts zu tun. Das Betriebskonto einer Bank bei der Zentralbank wäre davon völlig getrennt. Überlässt ein Kunde seiner Bank Geld als Anlage, fließt das Geld vom Sammel-Transaktionskonto auf das Betriebskonto der Bank. Gibt die Bank einem Kunden ein Darlehen, fließt das Geld vom Betriebskonto der Bank auf das Sammel-Transaktionskonto und wird dem Kunden auf seinem individuellen Konto dokumentarisch gutgeschrieben.

Auch wenn dieses Konzept keine individuellen Geldkonten vorsieht, stellt es doch einen Vollgeldansatz dar, denn das Sammel-Transaktionskonto bei der Zentralbank ist ebenso wenig Teil der Bankbilanzen wie individuelle Vollgeldkonten. Beide werden außerbilanziell im Auftrag des Kunden geführt. Der einzige Zusammenhang zwischen den Guthaben und Verbindlichkeiten der Banken und der Kunden kommt in der Gewinn- und Verlustrechnung der Bank durch die Kontoführungsgebühren zustande, die Banken für ihre Serviceleistungen verlangen.

Es bleibt zu diskutieren, ob ein bei der Zentralbank geführtes Sammel-Transaktionskonto tatsächlich erforderlich ist, um die Sicherheit und Kontrolle der Kundengelder zu gewährleisten. Hinter dem Konzept steckt das Misstrauen gegenüber Banken und Banking-Praktiken. Individuell geführte Kunden-Geldkonten können die Sicherheits- und Kontrollanforderung ebenso gut erfüllen, denn die Kontrollen in bestehenden Dokumentationssystemen (z.b. SWIFT)[23] und Clearingsystemen (z.b. SIC in der Schweiz, TARGET2 in Europa)[24] sollten hinreichen. Man verlangt schließlich auch von Wertpapierdepots nicht, dass sie bei der Zentralbank geführt werden.

Im Unterschied zu einem Vollgeldsystem bleiben in einem 100-Prozent-Reservesystem die laufenden Kundenkonten Girokonten und die Beträge darauf nicht gesetzliche Zahlungsmittel (Zentralbankgeld), sondern Kunden-Forderungen auf solches Geld. Sie wären zwar zu 100 Prozent durch Reserven (Zentralbankgeld) «gedeckt», aber trotzdem lediglich ein Geldersatz zur Abwicklung des bargeldlosen Zahlungsverkehrs, also ein auf den Geldverkehr zwischen Geschäftsbanken beschränktes technisches Substitut für Reserven bei der Zentralbank. In einem 100-Prozent-Reservesystem bleiben die Sichtguthaben (Girokonten) Teil der Bankenbilanz und das Geld der Kunden bleibt vermischt mit den Guthaben und Verbindlichkeiten der Bank.

100-Prozent-Reserveansätze werfen problematische Detailfragen bezüglich der Buchhaltung und Verrechnung (Clearing) auf. Wer soll beispielsweise die 100-Prozent-Reserve garantieren: die Bank, die einen Kredit vergibt, oder die Bank, die eine bargeldlose Zahlung an einen Kunden empfängt? Im Voraus finanziert oder im Nachhinein refinanziert? Und wann genau: auf sofortiger Basis jedes Einzelvorgangs oder auf einer summierten täglichen Basis? Wie würden sich die eigenen Zahlungsreserven einer Bank und die Deckungsreserven für Kundenguthaben zueinander verhalten? Wären sie alle auf demselben Betriebskonto der Bank? Und was wäre mit den herkömmlichen Mindestreserven?

Darüber hinaus weisen 100-Prozent-Reserveansätze Übergangsprobleme auf. Wie kann die heute erforderliche Zahlungsreserve von rund zwei Prozent Bargeld und sechs Prozent unbaren Reserven auf 100 Prozent erhöht werden? Etwa auf dem Weg herkömmlicher Refinanzierung über Wechsel und andere Wertpapiere? Wo sollten überhaupt Wertpapiere «hoher Qualität» in so großem Ausmaß so schnell herkommen? Wäre es, statt jede Art von Ramschpapier entgegen zu nehmen, nicht einfacher, den Banken gleich Buchkredit in beliebiger Höhe einzuräumen? Aber auch das müsste einen starken Anstieg des allgemeinen Zinsniveaus zur Folge haben. So kamen einige 100-Prozent-Reformer der 1930er Jahre auf den Gedanken, den Banken die benötigten Reserven einmalig zu schenken oder sie ihnen zinslos als dauer-revolvierenden Kredit zu überlassen. Kommerziellen privaten Banken Geld schenken, das kann man niemandem als legitime Politik plausibel machen (auch wenn es in der aktuellen Bankenkrise im Zuge des «quantitative easing» faktisch ein Stück weit so gemacht wird).

Würde stattdessen der Übergang zu einer 100-Prozent-Reserve durch stufenweise Anhebung der Reserveanforderung stattfinden und würde dadurch neues Vollgeld durch Staatsausgaben in Umlauf gebracht werden parallel zur fortgesetzten Giralgeldschöpfung per Bankenkredit, würde der Schuss nach hinten losgehen, indem die Zahlungsreserven der Banken und damit ihr Giralgeld-Multiplikator sich immens erhöhen würden.

Ein Vollgeldsystem dagegen beendet das komplizierte Nebeneinander von Interbankenkreislauf und Publikumskreislauf. Der unterschiedliche Geldstatus von Zentralbank-Reserven, Interbanken-Giralgeld, Kunden-Giralgeld und Bargeld würde zugunsten einer einheitlich integrierten Geldmenge M aufgehoben. In einem Vollgeldsystem braucht es keine Reserven mehr, weil das Vollgeld selbst die Reserve ist. Das gesamte Geld bestünde aus «Reserve» in dem Sinn, dass es Zentralbankengeld wäre, auch das Geld auf den Geldkonten der Kunden. Der spezifische Begriff der Reserve würde deshalb gegenstandslos. Es würde keinen Sinn mehr machen, zwischen den monetären Aggregaten Mo und M1 zu unterscheiden (wobei die Interbanken-Sichtguthaben außen vor bleiben). Stattdessen gäbe es nur eine einheitliche Geldmenge M, die vollständig durch die unabhängige staatliche Zentralbank (die Monetative) emittiert und kontrolliert würde und die frei von jedem Banken- oder Kundenkonto zu jedem beliebigen anderen Banken- oder Kundenkonto zirkulieren würde – ein System, das im Vergleich zu einem fraktionalen oder auch 100-prozentigen Reservesystem einfach zu verstehen, zu implementieren und zu betreiben ist.

Unmittelbare Vorteile einer Geldreform

Eine Vollgeldreform, in welcher institutionellen und technisch-operativen Variante auch immer, würde eine Reihe von unmittelbaren Vorteilen mit sich bringen.

Erstens wären Beträge auf Geldkonten sozusagen unverschwindbar und in einer Bankenkrise nicht länger gefährdet. Bankenkonkurse würden den allgemeinen Zahlungsverkehr nicht beeinträchtigen. Regierungen gerieten daher weit weniger in Zugzwang, Banken zu retten.

Zweitens hätte die Zentralbank als Monetative eine lückenlose Kontrolle über die Geldmenge und wäre deshalb in der Lage, einer Inflation von Konsumentenpreisen und Anlagewerten dadurch vorzubeugen, dass sie die Zunahme der Geldmenge am Potenzial des realwirtschaftlichen Wachstums orientiert.

Dadurch würde sich drittens auch die prozyklische Über- und Unterversorgung der Wirtschaft mit Bankenkredit in maßvolleren und realistischeren Bahnen bewegen, da jeder ausgestellte Kredit vollständig finanziert sein muss. Den Finanzmärkten ginge, ehe sie in ein Stadium von irrationalem Überschwang träten, beizeiten der allzu billig verfügbare Geldtreibstoff aus. Wirtschaftszyklen und Finanzmarktzyklen würden in der Regel moderater verlaufen.

Die aktuelle Finanz- und Überschuldungskrise mit ihren negativen Auswirkungen lässt sich mit keiner Reform ungeschehen machen. Es lässt sich jedoch sagen, dass eine Geldreform solchen Krisen künftig nicht nur wirksam vorbeugen würde, sondern ebenso, dass sie als vierter Vorteil *sofort* erheblich dazu beitragen würde, die Staatsverschuldung abzubauen – nämlich zum einen durch die schuldenfreie Seigniorage aus der fortlaufenden potenzialorientierten Geldschöpfung, zum anderen durch die hohen Summen, die sich als einmalige Übergangs- oder Substitutions-Seigniorage ergeben aus der Ausschleusung der alten kredit-emittierten Geldbestände und ihrer Ersetzung durch neues Vollgeld.

Von dem Tag an, an dem die Geldreform in Kraft tritt, würden die alten Bankkredite in Höhe der vorhandenen Zahlungsmittelbestände kontinuierlich auslaufen und von der Zentralbank durch Vollgeldemissionen per Seigniorage für Staatsausgaben in gleicher Höhe ersetzt. Der größte Teil dieser Substitution würde nach Maßgabe der Fälligkeit betreffender Kredite in einem Zeitraum von drei bis fünf Jahren stattfinden. Das neue Geld, das bestands-substitutiv eingeschleust werden muss, stellt eine einmalige Übergangs-Seigniorage dar. Sie sollte zur Senkung der Staatsverschuldung auf ein verträglicheres Niveau verwendet werden. In den meisten Industriestaaten ließe sich die öffentliche Verschuldung um die Hälfte oder noch mehr reduzieren. Die Staatsschuldenkrise wäre in kürzester Zeit beendet.

Die zu substituierenden Geldbestände sind (a) die zum Reformstichtag vorhandenen Publikums-Giralgelder, darüber hinaus (b) die Interbanken-Giroguthaben sowie grundsätzlich auch (c) die vorhandenen Bankreserven bei der Zentralbank. Sie sind durch (a') Bankenbuchkredit an Kunden, (b') Interbankenbuchkredit sowie (c') Zentralbankkkredit an Banken in Umlauf gekommen. Betrachten wir hier der Einfachheit halber nur die Kundenguthaben auf laufenden Konten. In der Schweiz belief sich ihre Höhe (Giro- und Transaktionskonten zusammen) im Jahr 2010 auf 385 Mrd. Franken. Die öffentliche Verschuldung der Schweiz betrug zur selben Zeit 211 Mrd. Franken. Eine Vollgeldreform könnte somit die Staatsverschuldung der Schweiz nahezu zweifach tilgen[25] – eine komfortable Perspektive, die sich jedoch in anderen, teils extrem hoch verschuldeten Industrienationen nicht so rosig darstellt.

In der Europäischen Währungsunion betrug die Summe der Sichtguthaben im Jahr 2010 3.912 Milliarden Euro, recht genau die Hälfte der Staatsschulden von 7.850 Milliarden Euro.[26] In den USA betrug die Geldmenge M1 im Jahr 2010 1.829 Milliarden Dollar, was ungefähr einen Zehntel der öffentlichen Schulden von 17.500 Milliarden Dollar ausmacht. Wird aber die Geldmenge M2 (die in den USA üblicherweise als Referenzwert gilt) in der Höhe von 8.814 Milliarden Dollar als Grundlage genommen, entspricht das dem europäischen Anteil, nämlich rund der Hälfte der Staatsschulden.[27]

Über die einmalige Substitutions-Seigniorage hinaus gäbe es zusätzlich die laufende, jedoch diskretionär variabel anfallende Seigniorage in Form des jeweils neu geschöpften Geldes. Um sich eine Vorstellung davon zu machen, wie hoch die den öffentlichen Haushalten heute entgehende originäre Seigniorage ist, muss man den jährlichen Zuwachs der realen Geldmenge betrachten. In der Schweiz betrug das jährliche Wachstum der Geldmenge M1 im 3-Jahres-Durchschnitt zuletzt zwischen 6 und 54 Mrd Franken, in der Europäischen Währungsunion 200 bis 350 Milliarden Euro, in den USA 90 bis 230 Milliarden Dollar (M1) bzw. 300 bis 750 Milliarden Dollar (*broad money M2*). Diese Zunahmen waren jedoch Ausdruck einer überschießenden Geldversorgung. Eine angemessene Geldversorgung wäre, vereinfacht gesagt, dann gegeben, wenn die Geldmenge langfristig eine ungefähr gleiche Wachstumsrate wie das reale BIP verzeichnet. Aber selbst wenn die Geldschöpfung im Rahmen des realen Wirtschaftspotenzials erfolgt und, sagen wir, nur etwa die Hälfte der gegenwärtigen Zunahmen ausmachen würde, wäre die jährliche Ausweitung der Geldmenge groß genug, um mit einem Anteil von rund zwei bis sechs Prozent zum laufenden Staatshaushalt beizutragen – je nach Höhe der öffentlichen Ausgaben und des Wirtschaftswachstums in den verschiedenen Nationen.

Vor diesem Hintergrund fasste der japanische System-Dynamics Analyst Kaoru Yamaguchi bei einer Anhörung im US-Kongress im Juli 2011 zum Entwurf des *American Monetary NEED Act*[28] seine Analyse der Auswirkungen so zusammen: «Eine solche Reform macht es möglich, die Staatsverschuldung abzubauen, ohne Rezession, Arbeitslosigkeit und Inflation auszulösen.» Alleine das ist schon Grund genug für eine Vollgeldreform.

Die Vollgeldreform als Verfassungsinitiative aus juristischer Sicht

Philippe Mastronardi et al. *)

*) Dieser Text beruht auf der «Plattform für eine neue Geld- und Finanz-
marktverfassung» (www.monetative.ch), die von einer Arbeitsgruppe des
Vereins Monetäre Modernisierung (MoMo) erarbeitet wurde (Martin Jung,
Philippe Mastronardi, Daniel Meier, Peter Ulrich, Hansruedi Weber).

Das privatwirtschaftliche Renditestreben von Investoren und Banken führt laufend zu neuen, von der Realwirtschaft immer weiter entfernten «Finanzprodukten» mit hohen Gewinnversprechen, aber auch entsprechend hohen Risiken und regelmäßig wiederkehrenden Finanzblasen. Alle bisherigen Regulierungsbemühungen versuchen eine Art «Finanzblasen-Management» zu betreiben, ohne die Ursachen von Finanzkrisen zu berühren, weshalb sie solche in Zukunft vielleicht mildern, aber nicht verhindern können. Die Finanzkrisen pflanzen sich als Wirtschaftskrisen, Sozialkrisen und Krisen der Staatsverschuldung fort. Sie verlaufen nach dem Motto «Privatisierung der Gewinne – Sozialisierung der Verluste». Das verletzt das Verursacherprinzip und unterhöhlt die Legitimität der gesamten marktwirtschaftlichen Ordnung. Nur wenn die öffentliche Rolle von Geld und Kapital als volkswirtschaftlicher Infrastruktur (und damit Voraussetzung aller Privatwirtschaft) systematisch von privaten Finanzgeschäften getrennt wird, kann die Finanzwirtschaft wirksam reguliert und die Realwirtschaft und die Gesellschaft vor finanzwirtschaftlichen Fehlverteilungen und ihren Folgen ursächlich geschützt werden.

Wiederherstellung des gesetzlichen Geldmonopols der Schweizerischen Nationalbank

Nach Artikel 99 der Bundesverfassung steht eigentlich schon bisher die Geldschöpfung (Geldherstellung) ausschließlich dem Bund bzw. der Schweizerischen Nationalbank zu (Geldmonopol). Der verfassungsrechtliche Geldbegriff ist jedoch von der wirtschaftlichen und technischen Entwicklung überholt worden. Die Vollgeldreform zielt insoweit nicht auf etwas Revolutionäres, sondern schafft schlicht die geldpolitischen Voraussetzungen, um der bestehenden Rechtsordnung Geltung zu verschaffen:

- Das staatliche Geldmonopol ist erstens Voraussetzung für die demokratisch rechtsstaatliche Kontrolle des Geldwesens als der finanziellen Infrastruktur einer funktionierenden Marktwirtschaft.

- Das staatliche Geldmonopol ist zweitens Voraussetzung dafür, dass die Schweizerische Nationalbank ihre Aufgabe der Geldmengensteuerung nach Kriterien des Gesamtinteresses (Preisstabilität, Konjunktur, Wachstum, Risikokontrolle) wieder wirksam erfüllen kann.
- Das staatliche Geldmonopol ist drittens Voraussetzung, um einen höchst ungerechten Systemfehler des Kapitalismus zu beseitigen, nämlich dass Geschäftsbanken auf selbst geschaffenem Giralgeld (durch Kreditvergabe) Zinsen verdienen können – auch zu Lasten der Allgemeinheit (Zinsen auf Staatsanleihen, im Grenzfall der Finanzkrise sogar auf Staatsanleihen zur Entschuldung privater Banken).

Die Versorgung der Wirtschaft mit Geld und Kredit ist eine öffentliche Aufgabe

Der Finanzmarkt ist kein gewöhnlicher Markt, in dem die Privatautonomie jedes einzelnen Teilnehmers das höchste Gut ist, sondern ein öffentlicher Raum, in dem eine öffentliche Aufgabe zu erfüllen ist. Die Finanzbranche hat einen Service Public zu erbringen. Unsere moderne Geldwirtschaft kann nur auf der Grundlage einer Staatsverantwortung für die Versorgung mit Geld und Kredit funktionieren. Was ökonomisch als Markt begriffen wird, muss rechtlich und politisch als Staatsaufgabe gestaltet werden. Wie viel von dieser Staatsaufgabe mit marktnahen Mitteln und durch private Akteure wahrgenommen werden kann, soll demokratisch entschieden werden.

Das Aufsichtsmodell – freier Markt unter staatlicher Aufsicht – hat versagt

Nach dem Paradigma des «freien Marktes» wird der Finanzmarkt auf der Grundlage eines Aufsichtsmodells geregelt: Im Grundsatz gilt für alle Akteure die Wirtschaftsfreiheit. Der Staat übt lediglich eine polizeiliche Aufsicht aus, um Missbräuche oder schädliche Auswirkungen zu verhüten oder zu beheben. Finanzmarktkrisen sind nach diesem Modell hinzunehmen, weil sie den Preis der Freiheit bilden. Sie können lediglich Anlass dazu sein, die Aufsicht zu verschärfen und die Rahmenbedingungen zu stärken. Alle Maßnahmen, welche bisher von den Staaten getroffen worden sind oder von den politischen Instanzen noch beraten werden (insbesondere alle Regulierungen zum «Too big to fail»-Problem), folgen diesem Aufsichtsmodell. Die Krise wird nicht zum Anlass genommen, das bisherige Konzept in Frage zu stellen. Die Frage, ob das Aufsichtsmodell versagt habe, kann aus dieser Warte gar nicht gestellt werden, weil keine Alternative dazu erkennbar ist. Das ist bei jedem Paradigmenwechsel so: Das alte Paradigma verhindert die Neuerung, bis das neue Paradigma einsichtig wird.

Der Finanzmarkt ist ein Service Public

Wenn die Versorgung der Wirtschaft mit Geld und Kredit eine Staatsaufgabe ist, wird sie zu einem Service Public. An die Stelle des Aufsichtsmodells tritt das Gewährleistungsmodell: Der Staat gewährleistet die Versorgung der Wirtschaft mit Geld und Kredit unter Hinzuziehung Privater. Was bedeutet dieses Gewährleistungsmodell? Es umfasst drei Teilverantwortungen, die zwischen Staat und Privaten aufgeteilt werden können: Der Staat hat einen Finanzmarkt zu gewährleisten, der die Versorgung der Wirtschaft mit Geld und Kredit sicherstellt (Gewährleistungsverantwortung). Er kann damit private Dienstleister beauftragen, welche die öffentliche Aufgabe nach den staatlichen Vorgaben und Zielen zu erfüllen haben (Erfüllungsverantwortung). Versagen die Privaten in ihrer Leistungspflicht oder überschreiten sie die Grenzen ihres Mandats, kann der Staat die Aufgabe wieder an sich ziehen oder Dritten übertragen (Auffangverantwortung). Staatsaufgabe bedeutet also nicht Verstaatlichung. Gemäß dem modernen Konzept der Public Governance («Führen im öffentlichen Raum») können öffentliche Aufgaben in unterschiedlichster Weise durch ein Zusammenspiel des Staates mit Privaten erfüllt werden. Umfassend ist nur die Staatsverantwortung für die Erbringung einer Leistung. Inwieweit der Staat diese Leistung selbst erbringt, ist Sache der konkreten Ausgestaltung. Diese ist demokratisch zu bestimmen. Im Bereich des Finanzmarktes wird eine Aufgabenteilung zwischen einer autonomen staatlichen Instanz (der Nationalbank) und der privaten Finanzbranche zu suchen sein. Die Erfahrung zeigt freilich, dass der Nationalbank wesentlich mehr Kompetenzen zugesprochen werden müssen als bis anhin.

Konsequenzen

Auf Verfassungsebene muss eine umfassende Kompetenz des Bundes zur Gesetzgebung auf dem Gebiet des Finanzmarktes geschaffen werden, die auch ein Monopol einschließt. Damit wird die Wirtschaftsfreiheit im Bereich des Finanzmarktes als nicht anwendbar erklärt, soweit das öffentliche Interesse an der Sicherheit der Geldversorgung dies notwendig macht. Die Finanzbranche erhält von der Schweizerischen Nationalbank einen periodisch zu überprüfenden Leistungsauftrag, nach dem der Service Public zu erbringen ist. Dieser Leistungsauftrag bestimmt auch die Grenzen der zulässigen Wirtschaftstätigkeit der Branche. Er unterstellt bestimmte Tätigkeiten einer Bewilligungspflicht und verhindert volkswirtschaftlich schädliche Finanzprodukte. Er kann nach Bedarf durch kurzfristige strategische Vorgaben ergänzt werden. Wenn das Ziel der Reform sein soll, den Vorrang der Demokratie vor der Wirtschaftsmacht im Finanzbereich durchzusetzen, werden verfassungsrechtliche Regelungen nötig, die klarstellen,

a) welche Entscheide demokratisch zu treffen sind,

b) welche an die Schweizerische Nationalbank delegiert werden sollen und

c) welche der Finanzbranche anvertraut werden dürfen.

Geldtheoretische Elemente der Vollgeldreform
– Geld ist heute eine Schuld

Alles Geld wird heute per Kreditschöpfung in Umlauf gebracht: In einem ersten Schritt durch Kredite der Nationalbank als Guthaben an die Banken, in einem zweiten Schritt durch Kredite der Geschäftsbanken als Guthaben an ihre Kunden. Jedem Guthaben steht darum eine Schuld gegenüber. Gesamtwirtschaftlich ist Vermögensbildung nur möglich, wenn gleichzeitig die Schuldenlast wächst. Heute besteht fast die gesamte reale Geldmenge (ca. 85 Prozent) aus Krediten bzw. Sichtguthaben auf Girokonten. Dieses Giral- oder Buchgeld wird von den Banken mittels Bilanzverlängerung in nahezu beliebiger Höhe geschaffen. Eine Giralgeld-Kreditvergabe setzt somit nur minimale Ersparnisse voraus. Dennoch verlangen die Banken dafür Zinsen und Sicherheiten. Da alle Kredite verzinst werden müssen, wachsen Guthaben und Schulden sowie die entsprechenden Zinsgewinne und Zinslasten in einer Kreditwirtschaft exponentiell. Bei der Tilgung eines Bankenkredites verschwindet zwar die entsprechende Summe an Buchgeld, aber die für den Kredit gezahlten Zinsen müssen durch erneute Kreditschöpfung der Banken bereitgestellt werden. So akkumulieren sich auf Seiten der Kreditgeber die Guthaben, auf Seiten der Kreditnehmer die Schulden: Die Guthaben-Schulden-Spirale beginnt sich zu drehen, und die fortschreitende Umverteilung von der Arbeit zum Kapital setzt ein. Da die reale Produktion nicht mit dem exponentiellen Geldwachstum mithalten kann, fließen die finanziellen Mittel zunehmend in die gewinnträchtigere Finanzmarkt-Spekulation ab und stehen der Realwirtschaft nicht mehr zur Verfügung. Noch knapp 2 Prozent der weltweit getätigten Finanztransaktionen betreffen die Realwirtschaft.

Geld wird künftig zu einem öffentlichen Gut

Das Geld- und Kreditvolumen darf nur in dem Masse zunehmen, wie eine Volkswirtschaft wächst, sonst wird künstliches Vermögen geschaffen und es entstehen die zerstörerischen Blasen. Genau dies geschieht aber, wenn die Buchgeldschöpfung erstens im Rahmen eines kreditbasierten Systems stattfindet und zweitens in den Händen von eigeninteressierten Banken liegt. Um das exponentielle Wachstum von Geld und Kredit in Zukunft zu verhindern, muss daher die Buchgeldschöpfung von Zinsbelastung und Tilgungszwang befreit und in die Verantwortung einer von Wirtschaft und Politik unabhängigen, dem Gemeinwohl verpflichteten Instanz gelegt werden. Die Vollgeldreform erfüllt diese Forderungen. Sie dehnt das Geldmonopol des Bundes auf das Buchgeld aus. Damit wird das unbare Geld staatlich verfasst und zum gesetzlichen Zahlungsmittel erklärt (Vollgeld). Und die Geldschöpfung wird von der Kreditvergabe getrennt. Die Geldschöpfungskompetenz wird der Nationalbank übertragen. Diese hat den Auftrag, die gesellschaftlich notwendige Geldmenge schuld- und zinsfrei bereitzustellen und zu kontrollieren. Der Geldschöpfungsgewinn (Seigniorage) fällt vollumfänglich der Allgemeinheit zu. Neu geschöpftes Geld kann beispielsweise zur Finanzierung von Sozialwerken oder zum Abbau von Staatsschulden verwendet werden. Damit wird ein allmählicher Abbau von Staatsschulden möglich und somit die Entlastung des Staatshaushalts vom Zinsendienst. Die Kreditvergabe wird den Banken übertragen, die jetzt aber keine Geldschöpfung mehr betreiben dürfen. Sie werden auf ihr angestammtes Kerngeschäft verpflichtet: das Vermitteln von Darlehen (Sparen und Investieren). Als Mandatäre der Nationalbank erfüllen sie mit der Bereitstellung eines angemessenen Kreditvolumens eine öffentliche Aufgabe (Service Public). Sowohl das umlaufende Geld als auch die erteilten Kredite können somit im Vollgeldsystem als öffentliches Gut verstanden werden, ähnlich wie die Gesundheit oder die Mobilität unserer Gesellschaft.

Konzeption der Regulierung: das Drei-Kreise-Modell

Die hier angeregte Geld- und Finanzmarktverfassung betrifft drei Regelungsgegenstände, die am besten in drei verschiedenen Artikeln geordnet werden: den Finanzmarkt, die Geldverfassung und die Schweizerische Nationalbank. Diese drei Elemente werden durch

unterschiedliche Grade der staatlichen Steuerung privater Markt-
handlungen gekennzeichnet: staatliches Monopol – Service Public –
bewilligungspflichtige Geschäftstätigkeiten – polizeiliche Schranken
freier Geschäftstätigkeit. Diese Stufenfolge im Übergang von «Staat»
zu «Markt» wird am besten durch das Modell des Gewährleistungs-
staates abgebildet. Aus diesen Elementen ergibt sich das folgende
Drei-Kreise-Modell:

1) Der Finanzmarkt wird neu nicht als ein gewöhnlicher
Markt für Finanzdienstleitungen verstanden, sondern als eine öffentliche Dienstleistung, die eine wesentliche Infrastruktur für die
Realwirtschaft erstellt und aufrechterhält. Der Finanzmarkt ist so
auszugestalten, dass die moderne Wirtschaft als Geldwirtschaft funktionieren kann. Seine Leistungen sind dabei von unterschiedlicher
Bedeutung für das Funktionieren der Wirtschaft. Daher werden sie
je nach ihrer Systemrelevanz (also Wichtigkeit für die Realwirtschaft)
unterschiedlich streng reguliert. Der Zahlungsverkehr und das Kreditwesen sind mit Sicherheit systemrelevant und müssen als Service
Public einer staatlichen Steuerung unterstellt werden. Wie weit die
staatliche Steuerung darüber hinaus greifen muss, lässt sich nicht ge-
nerell im Voraus bestimmen. Je nach Entwicklung des Finanzmarktes
müssen neue Tätigkeiten als gefährlich eingestuft und allenfalls verboten werden können. Der ganze Finanzmarkt fällt daher unter das
System des Service Public und kann – muss aber nicht in allen seinen Teilbereichen – der öffentlich-rechtlichen Steuerung unterstellt
werden. Das Gewährleistungsmodell gestattet hier, die notwendigen
Abstufungen vorzunehmen. Auf Verfassungsstufe braucht es aus diesen Gründen eine umfassende Kompetenz des Bundes zur Gewährleistung des gesamten Finanzmarktes. Der Bund muss im gesamten
Regelungsbereich von der Wirtschaftsfreiheit abweichen und in ver-
hältnismäßigem Umfang Maßnahmen der Steuerung ergreifen können. Daraus ergibt sich ein erster, umfassender Regelungskreis: Der
Finanzmarkt als Service Public.

2) Einen zweiten, engeren Kreis bildet die Geldverfassung.
Sie ist einerseits der Kern der Finanzmarktverfassung, wirkt aber
anderseits unmittelbar in die Realwirtschaft hinein, weil das Geld
deren Steuerungsmedium bildet. Für die Realwirtschaft ist es von

entscheidender Bedeutung, ob die Geldversorgung durch privatwirtschaftliche Unternehmen erfolgt, die der Wirtschaftslage folgen und damit Konjunkturzyklen verstärken, oder durch eine dem Gemeinwohl verpflichtete öffentliche Institution, die den Konjunkturzyklen dämpfend entgegenwirken kann. Das staatliche Geldmonopol bildet damit die Grundlage, auf welcher der Service Public im Finanzmarkt aufbaut: Hier geht es um die nicht privatisierbare Aufgabe, die Geldversorgung zu gewährleisten und insbesondere die Geldmenge zu bestimmen, welche die schweizerische Volkswirtschaft benötigt. Erst die Verteilung dieser Geldmenge unter den Teilnehmern am Markt kann und soll soweit an das Bankensystem übertragen werden, wie dies die Wahrung des öffentlichen Interesses zulässt.

3) Der dritte und kleinste Kreis ist der zentrale Akteur in den beiden vorgenannten Kreisen: die Schweizerische Nationalbank, die als eine selbständige staatliche Gewalt mit erhöhter Unabhängigkeit gegenüber Wirtschaft und Politik verfassungsrechtlich garantiert werden soll (daher der Begriff Monetative, analog zur Legislative, Exekutive und Judikative). Ihr steht das Monopol der Geldschöpfung zu. Sie steuert die Geldmenge allein im öffentlichen Interesse am wirtschaftlichen Wohlergehen des Landes. Darüber hinaus gewährleistet sie den Service Public im Finanzmarkt insgesamt mit den Mitteln von regulatorischen Vorgaben und Leistungsaufträgen. Sie ist als Fachinstanz autonom, wird aber in den politischen Zielen und Aufgaben möglichst klar durch das demokratisch beschlossene Gesetz gesteuert.

Die zentralen Elemente einer Geld- und Finanzmarkt-Verfassung

Artikel 99 der Bundesverfassung – Geld- und Finanzmarkt
Der Bund gewährleistet die Versorgung der Wirtschaft mit Geld, Kredit und Finanzdienstleistungen. Er ordnet die Finanzmärkte. Er kann dabei vom Grundsatz der Wirtschaftsfreiheit abweichen.
Während der Bund bisher nur eine Kompetenz zur Schaffung von Münzen und Banknoten gehabt hat, wird ihm neu der gesamte

Bereich Geld, Kreditwesen und Finanzdienstleistungen zur umfassenden Regelung übertragen. Die Finanzmarktordnung, die er zu schaffen und zu erhalten hat, wird zu seiner Versorgungsaufgabe (Service Public), die er auch in Abweichung von der Wirtschaftsfreiheit erfüllen kann. Gewährleisten heißt freilich nicht verstaatlichen. Der Bund bleibt auch dort, wo er nicht subsidiär zum Markt tätig ist, an das öffentliche Interesse und an den Grundsatz der Verhältnismäßigkeit gebunden. Gewährleisten heißt, die Gesamtverantwortung dafür tragen, dass die öffentliche Dienstleistung überhaupt erbracht wird und zwar in einer Weise, die dem Gesamtinteresse der Gesellschaft dient. Der Bund kann dabei den Markt in verhältnismäßiger Weise steuern, d.h. soweit als dies im öffentlichen Interesse geeignet und erforderlich scheint und den Privaten zugemutet werden kann. Je nach Intensität des öffentlichen Interesses kann das bedeuten, dass lediglich polizeiliche Schranken freier Geschäftstätigkeit errichtet werden, aber auch, dass bestimmte Geschäftstätigkeiten als bewilligungspflichtig erklärt, einer Konzession mit Leistungsauftrag unterstellt oder sogar zu einem staatlichen Monopol erklärt werden.

Artikel 99a BV – Geldordnung

Das Geld- und Währungswesen ist Sache des Bundes; diesem allein steht das Recht zur Schöpfung von gesetzlichem Zahlungsmittel zu. Gesetzliche Zahlungsmittel sind Münzen, Banknoten und Giral- bzw. Buchgeld.

Dieser Absatz formuliert das Kernanliegen der Vollgeldreform. Gesetzliche Zahlungsmittel sind nicht mehr nur Münzen und Banknoten, sondern auch das Buchgeld. Die Geschäftsbanken können kein Buchgeld mehr schöpfen. Jeden Kredit, den sie vergeben, müssen sie einem ihnen zustehenden Zahlungsverkehrskonto belasten. Sie sind damit allen anderen Unternehmen gleichgestellt: Darlehen sind Ausgaben, die durch ein Vermögen in Geld gedeckt sein müssen. Die Banken können damit nur jenes Kreditvolumen generieren, das sie als Geld von den Sparern zur Verfügung gestellt bekommen, selbst erwirtschaftet haben, bei anderen Banken geliehen oder allenfalls von der Schweizerischen Nationalbank als Darlehen gegen Zins zugesprochen erhalten. Sie können die Geld- und Kreditmenge der Volkswirtschaft nicht mehr über jenes Volumen hinaus erhöhen, das die Nationalbank festgesetzt hat.

Artikel 99b BV – Nationalbank

Die Schweizerische Nationalbank steuert die Geldmenge unter Berücksichtigung des erforderlichen Kreditvolumens. Sie gibt neu geschaffenes Geld schuldfrei und zinslos an Bund, Kantone und steuerpflichtige natürliche Personen sowie als verzinsliche Darlehen an die Finanzdienstleister aus. Das Gesetz bestimmt die Kriterien.

Hauptaufgabe der Schweizerischen Nationalbank ist die Geldmengensteuerung. Während sie diese Aufgabe heute im Wesentlichen indirekt über die Festlegung von Mindestzinsen erfüllen muss, kann sie neu die Geldmenge direkt festlegen. Da alle Kredite neu durch diese Geldmenge gedeckt werden müssen, hat die Schweizerische Nationalbank auch den Kreditbedarf der Banken zu berücksichtigen, wenn sie die Geldmenge bestimmt. Neben der Ausgabe von Geld steht ihr daher auch die Vergabe von Darlehen an die Banken zu. Neu geschöpftes Geld wird an Bund, Kantone und steuerpflichtige natürliche Personen ausgegeben. Der Verteilschlüssel wird gesetzlich bestimmt. Dieses Geld kann so je nach dem jeweiligen Gesamtinteresse entweder für den Schuldenabbau oder für die Finanzierung von Sozialwerken, für die Infrastruktur sowie für Bildung und Gesundheit oder dem privaten Konsum dienen. Da neu geschöpftes Geld keine Schuld ist, wird dafür auch kein Zins verlangt. Geld, das von den Banken für ihre Geschäfte benötigt und von der Schweizerischen Nationalbank bezogen wird, ist hingegen nicht neu geschöpftes Geld, sondern ein Darlehen. Dieses muss aus der von der Schweizerischen Nationalbank geschöpften Vollgeldmenge ausgegeben werden. Es erhöht den Geldumlauf und ist daher in die gesamte Geldmenge einzurechnen.

Fazit

Geld und Kapital bilden eine essentielle Infrastruktur der Volkswirtschaft. Sie gehören eher zur Wettbewerbsordnung als zum Wettbewerbsspiel, weil sie Voraussetzungen schaffen, unter denen unsere moderne Wirtschaft funktionieren kann. Geld ist ein öffentliches Gut, das staatlich garantiert und geordnet werden muss. Die Vollgeldreform stellt das Staatsmonopol für gesetzliche Zahlungsmittel wieder her. Sie gibt der Schweizerischen Nationalbank das Instrument, die Geldmenge an das reale Wirtschaftswachstum anzupassen und die Entwicklung von Blasen im Finanzmarkt zu verhüten. Es genügt aber nicht, bloß das Buchgeld zur Sache des Bundes zu erklären. Solange der Finanzmarkt als Bereich behandelt wird, in dem die Wirtschaftsfreiheit gilt, werden die Banken Umgehungsformen dieser Beschränkung erfinden und damit die Reform unterlaufen. Es braucht daher einen Paradigmenwechsel vom Bild des «freien Marktes» zum Service Public, in welchem der Bund die Wirtschaft mit gesetzlichen Zahlungsmitteln versorgt und die Banken nur noch die Verteilung dieser Geldmenge innerhalb der Wirtschaft vornehmen. Da neu geschöpftes Geld dann nicht mehr ein Gewinn der Banken darstellt, kann es dem Bund, den Kantonen und der Bevölkerung zur Verfügung gestellt werden. Der bisherige Bankengewinn aus der Geldschöpfung fällt neu dem Staat, der Bürgerschaft und der Realwirtschaft zu. Das ist gewiss gerechter. Aber gerade darum wird es auf heftigsten Widerstand stoßen. Heute geht es darum, aufzuzeigen, was möglich wäre. Dass es möglich wird, hängt davon ab, ob sich die Demokratie gegen die Macht des Kapitals durchzusetzen vermag. Das aber ist die Aufgabe von uns allen.

Varianten einer Verfassungsreform

Über die detaillierte Ausgestaltung einer Vollgeld-Reform auf Verfassungsebene wird auch im Verein monetäre Modernisierung noch kontrovers diskutiert. Zur Debatte stehen drei Varianten mit verschiedenen Zielen und unterschiedlichen Eingriffen in das bestehende System.

1. **100-Prozent-Geld:** Dieser Vorschlag strebt eine wirkungsvolle Steuerung der Geldmenge durch die Nationalbank an und verhindert damit die Bildung spekulativer Blasen. Er verlangt eine hundertprozentige Deckung der Sichtguthaben der Bankkunden durch Nationalbankgeld.

2. **Vollgeld:** Zusätzlich zum 100-Prozent-Geld erhöht diese Variante die Sicherheit des Zahlungsverkehrs durch eine Ausgliederung der Sichtguthaben aus der Bankbilanz und reduziert die Probleme der Staatsverschuldung durch einen neuen Prozess der Geldschöpfung. In dieser Variante wird die Geldmenge nach Massgabe des Wirtschaftswachstums gesteuert und die entsprechenden Mittel dem Souverän, bzw. seinen Organen zins- und schuldfrei zur Verfügung gestellt.

3. **Vollgeld und Finanzmarktreform:** In dieser Variante wird der Geld- und Kreditmarkt als Service Public verstanden. Dies bedeutet, dass der Staat einen Finanzmarkt zu gewährleisten hat, der die Versorgung der Wirtschaft mit Geld und Kredit sicherstellt.

Die beiden ersten Varianten lehnen sich formell eng an den geltenden Artikel 99 der Bundesverfassung an; Änderungen sind grau unterlegt.

Die dritte Variante enthält eine umfassende Neuformulierung des Artikels 99, einschliesslich zusätzlicher Bestimmungen zum Finanzmarkt und zur rechtlichen Stellung der Nationalbank.

Variante 1: 100-Prozent-Geld (nach Irving Fisher)

Ergänzung des Art. 99 der Bundesverfassung:

[1] Das Geld- und Währungswesen ist Sache des Bundes; diesem allein steht das Recht zur Ausgabe von Münzen und Banknoten zu.

[2] Die Schweizerische Nationalbank führt als unabhängige Zentralbank eine Geld- und Währungspolitik, die dem Gesamtinteresse des Landes dient; sie wird unter Mitwirkung des Bundes verwaltet.

[3] Banken müssen ihre kurzfristigen Verbindlichkeiten zu 100 Prozent durch Nationalbankgeld decken.

Zusätzliche Möglichkeit: Die Nationalbank kann neues Geld dem Bund und den privaten Haushalten zinslos und schuldfrei zur Verfügung stellen.

[4] Die Schweizerische Nationalbank bildet aus ihren Erträgen ausreichende Währungsreserven; ein Teil der Reserven wird in Gold gehalten.

[5] Der Reingewinn der Schweizerischen Nationalbank geht zu mindestens zwei Dritteln an die Kantone.

Übergangsbestimmung: Beim Übergang von der geltenden zur neuen Verfassungsbestimmung stellt die Nationalbank den Banken im Umfang ihrer kurzfristigen Verbindlichkeiten zinslos Guthaben zur Deckung ihrer Verbindlichkeiten zur Verfügung. Diese Zusicherung gilt für einen vor der Einführung der neuen Verfassungsbestimmung festgesetzten Stichtag.

Bemerkungen, Zielsetzungen und Stärken

Die Problematik unseres Geldsystems besteht in der Ausuferung der Geldmenge durch die Kreditgewährung der Banken, die nur noch in geringem Ausmass an das Zentralbankgeld gebunden ist. Dadurch wird eine effektive Steuerung der Geldmenge durch die Nationalbank verunmöglicht. Um die Nationalbank in die Lage zu versetzen, die Geldmenge wirkungsvoll zu steuern, ist vorgesehen, dass die Banken, bevor sie Kredite geben oder Vermögenswerte ankaufen, über entsprechende Guthaben bei der Nationalbank verfügen müssen.

Dadurch erhält die Nationalbank die Möglichkeit, das Ausmass der Geldschöpfung so zu bestimmen, dass krisenhafte Entwicklungen

und Kollateralschäden des Wachstums vermieden werden, also
- es weder zur Inflation noch zur Deflation kommt
- keine spekulative Aufblähung der Geldmenge erfolgt
- das Wachstum der Wirtschaft insoweit in Grenzen gehalten wird, dass eine nachhaltige Nutzung der natürlichen Ressourcen möglich wird.

Die Banken können entsprechend ihrer eigenen Kriterien Kredite geben im Umfang der Spartitel, über die sie verfügen, sowie der ihnen von der Nationalbank zur Verfügung gestellten Guthaben.

(Die in Ziffer 3 erwähnte zusätzliche Möglichkeit der direkten Geldschöpfung über den Bund bzw. die privaten Haushalte wird im nachfolgenden Abschnitt über das Vollgeld erläutert.)

Variante 2: Vollgeld

Ergänzung von Art. 99 der Bundesverfassung:

1 Das Geld- und Währungswesen ist Sache des Bundes; diesem allein steht das Recht zur Ausgabe von Münzen, Banknoten und Buchgeld zu.

2 Die Schweizerische Nationalbank führt als unabhängige Zentralbank eine Geld- und Währungspolitik, die dem Gesamtinteresse des Landes dient; sie wird unter Mitwirkung des Bundes verwaltet. Sie ist in der Erfüllung ihrer Aufgabe nur dem Gesetz verpflichtet.

Sie gibt neu geschaffenes Geld als verzinsliche Darlehen an Banken aus, sowie zinslos und schuldfrei an den Bund oder an die privaten Haushalte.

3 Die Schweizerische Nationalbank bildet aus ihren Erträgen ausreichende Währungsreserven; ein Teil der Reserven wird in Gold gehalten.

4 Der Reingewinn der Schweizerischen Nationalbank geht zu mindestens zwei Dritteln an die Kantone.

Übergangsbestimmungen: noch offen

Bemerkungen, Zielsetzungen und Stärken

a) Der Begriff «Vollgeld» leitet sich davon ab, dass in diesem System die Sichtguthaben (= unbares Geld) ebenfalls als vollwertiges Geld und nicht nur als Zahlungsversprechen einer Bank betrachtet werden. Noch konsequenter als beim 100-Prozent-Geld besteht die zentrale Absicht dieses Vorschlages darin, das staatliche Geldschöpfungsmonopol wieder herzustellen.

b) Mit dieser Verfassungsänderung kann der grundlegende Systemfehler behoben werden, indem ein Teil des Geldes unabhängig von der Wirtschaftstätigkeit in Umlauf gesetzt wird. Dies ermöglicht der Nationalbank eine weitaus bessere Steuerung der Geldmenge. So ist sie beispielsweise nicht mehr davon abhängig, dass die nach betriebswirtschaftlichen (Rendite-) Kriterien handelnden Banken die angebotene Geldmenge auch abrufen.

Im Unterschied zum 100-Prozent-Geld erfolgt die Geldschöpfung zum grössten Teil über die schuldfreie und zinslose Vergabe des neuen Geldes an den Bund, die Kantone und/oder an die Bevölkerung. Ergänzend können bei Bedarf auch verzinsliche Darlehen an das Bankensystem gewährt werden, um z.B. Kreditklemmen zu verhindern oder kurzfristige Geldmengenschwankungen auszugleichen.

Bedeutsam ist die Zuteilung des Geldes an den Staat. Der Staat bezahlt in diesem Fall keine Zinsen. Indem er die eingesparten Zinsen dazu verwendet, die Kredite, die ihm die Geschäftsbanken gegeben haben, zurückzuzahlen, kann er die Schuldenlast verringern und damit die Steuern senken, für die heute ein bedeutender Teil des Steuerertrags ausgegeben werden muss. Der Steuerzahler hat entsprechend mehr Geld zur Verfügung, das er entweder für Konsumzwecke oder für Investitionen verwenden kann. Der Staat kann allerdings die neu geschöpfte Geldmenge auch für zusätzliche Ausgaben verwenden. Entscheidend ist daher, dass die Zentralbank bezüglich des Ausmasses der Geldschöpfung die Unabhängigkeit gegenüber dem Staat wahren und das Ausmass der Geldschöpfung selber bestimmen kann.

Eine zweite Möglichkeit ist die Zuteilung des Geldes an die privaten Haushalte als Zusatzeinkommen. Dies könnte wiederum auf zwei verschiedenen Wegen geschehen. Die Zuteilung könnte entweder direkt von der Zentralbank oder indirekt über die Gemeinden in Form eines Regionalgeldes zur Verfügung gestellt werden, das nur für regional produzierte Güter und Dienstleistungen ausgegeben werden kann. Diese zweite Lösung würde eine geografisch ausgeglichenere Entwicklung fördern. Der Einbezug der Haushalte in die Geldschöpfung würde die Position der Haushalte als Konsumenten von Gütern und Dienstleistungen, als Spender von Geld für gemeinnützige Zwecke und als Kreditgeber wesentlich aufwerten und so die Konsumentensouveränität stärken, die unter dem Druck der Wachstumsdynamik weitgehend verloren zu gehen droht.

c) Die Sichtguthaben der Banken werden aus der Bankbilanz ausgegliedert und von den Banken nur noch treuhänderisch im Auftrag ihrer Kunden verwaltet. Diese werden nicht verzinst; Spar- und Terminguthaben dagegen haben eine Kündigungsfrist und können vom Bankensystem für die Kreditgewährung eingesetzt werden.

Variante 3: Vollgeld- und Finanzmarktreform

Artikel 99 Geld und Finanzmarkt

[1] Der Bund gewährleistet die Versorgung der Wirtschaft mit Geld und Finanzdienstleistungen. Er ordnet die Finanzmärkte. Er kann dabei vom Grundsatz der Wirtschaftsfreiheit abweichen.

[2] Der Bund erlässt Vorschriften über Banken, Börsen und andere Finanzdienstleister; er regelt die Voraussetzungen und Grenzen ihrer Geschäftstätigkeit. Er bestimmt die Aufgaben von Banken und anderen Finanzdienstleistern im Gesamtinteresse des Landes. Er trägt dabei der besonderen Aufgabe und Stellung der Kantonalbanken Rechnung.

[3] Das Gesetz regelt insbesondere
a. die Abgrenzung zwischen Zahlungsmitteln und Finanzanlagen
b. die Beschränkung des Eigenhandels
c. die Zulassungsbedingungen für Finanzdienstleistungen
d. die Treuhandpflichten der Finanzdienstleister.

Artikel 99a Geldordnung

[1] Das Geld- und Währungswesen ist Sache des Bundes; diesem allein steht das Recht zur Schöpfung von gesetzlichem Zahlungsmittel zu. Gesetzliche Zahlungsmittel sind Münzen, Banknoten und Buchgeld.

[2] Die Schaffung und Verwendung anderer Zahlungsmittel für besondere Zwecke bedarf einer Bewilligung des Bundes.

Artikel 99b Nationalbank

[1] Die Schweizerische Nationalbank ist eine Anstalt des öffentlichen Rechts. Sie führt als unabhängige Zentralbank eine Geld- und Währungspolitik, die dem Gesamtinteresse des Landes dient; sie ist in der Erfüllung ihrer Aufgaben nur dem Gesetz verpflichtet.

[2] Das Gesetz überträgt die Gewährleistung der gesamtwirtschaftlich erforderlichen Geldmenge an die Schweizerische Nationalbank. Es weist die Kreditvergabe und die Abwicklung des Zahlungsverkehrs privaten und öffentlichen Finanzdienstleistern zu. Die Schweizerische Nationalbank kann den Finanzdienstleistern einen Leistungsauftrag erteilen.

[3] Die Schweizerische Nationalbank steuert die Geldmenge unter Berücksichtigung des Kreditbedarfs der Banken. Sie gibt neu geschaffenes Geld schuldfrei und zinslos an Bund, Kantone und steuerpflichtige natürliche Personen sowie als verzinsliche Darlehen an die Finanzdienstleiter aus. Das Gesetz bestimmt die Kriterien.

[4] Die Schweizerische Nationalbank setzt Mindestanlagefristen für Finanzanlagen im Publikumsverkehr und im Interbankenverkehr fest.

[5] Die Schweizerische Nationalbank bildet aus ihren Erträgen ausreichende Reserven.

[6] Der Reingewinn der Schweizerischen Nationalbank geht zu mindestens zwei Dritteln an die Kantone.

Übergangsbestimmung zu den Artikeln 99 bis 99b (Geld und Finanzmarkt, Geldordnung und Nationalbank):

[1] Die Ausführungsbestimmungen zu Artikel 99 sind bis zum ... zu erlassen. Sie sehen vor, dass am Stichtag des Inkrafttretens al-

les Buchgeld zu gesetzlichem Zahlungsmittel und zu entsprechenden Verbindlichkeiten der Finanzdienstleister gegenüber der Schweizerischen Nationalbank wird. Die Finanzdienstleister führen Buchgeld auf Konten ausserhalb ihrer Bilanz. Es fällt nicht in die Konkursmasse. Die Finanzdienstleister saldieren das Buchgeld ihrer Kunden auf Zahlungsverkehrskonten bei der Schweizerischen Nationalbank.

[2] Die Schweizerische Nationalbank sorgt dafür, dass in der Übergangszeit weder Geldknappheit noch Geldschwemme entsteht.

Bemerkungen, Zielsetzungen und Stärken

Diese Variante basiert auf einer Vollgeldreform, wie sie in Variante 2 dargestellt wurde. Darüber hinaus soll auf Verfassungsstufe die Grundlage geschaffen werden, die gesamte Geld- und Kreditversorgung der Wirtschaft als Service Public auszugestalten, ohne jedoch das Bankensystem (bzw. dessen Dienstleistungen) zu verstaatlichen.

Dieser Vorschlag geht davon aus, dass eine Vollgeldreform von den Banken umgangen werden kann, solange das Paradigma des freien Finanzmarktes beibehalten wird: Die Banken werden weiterhin Kredite und Finanzprodukte, die faktisch als nichtstaatliche Zahlungsmittel dienen, kreieren, um wachsen zu können. Die Vollgeldreform (Variante 2) soll daher durch flankierende Massnahmen gestützt werden. Die Kernforderung dieser Variante 3 lautet: Das Paradigma des freien Finanzmarktes soll durch jenes eines Finanzmarktes als Infrastruktur der Realwirtschaft (Service Public) ersetzt werden:

- Der Staat hat einen Finanzmarkt zu gewährleisten, welcher die Versorgung der Wirtschaft mit Geld und Kredit sicherstellt (Gewährleistungsverantwortung). Er kann damit private Dienstleister beauftragen, welche die öffentliche Aufgabe nach den staatlichen Vorgaben und Zielen zu erfüllen haben (Erfüllungsverantwortung). Versagen die Privaten in ihrer Leistungspflicht oder überschreiten sie die Grenzen ihres Mandats, kann der Staat die Aufgabe an Dritte übertragen oder notfalls an sich ziehen (Auffangverantwortung).
- Staatsaufgabe bedeutet damit nicht Verstaatlichung. Gemäss

dem modernen Konzept der Public Governance können öffentliche Aufgaben in unterschiedlichster Weise durch ein Zusammenspiel des Staates mit Privaten erfüllt werden. Umfassend ist nur die Staatsverantwortung für die Erbringung einer Leistung. Inwieweit der Staat diese Leistung selbst erbringt (Frage der Leistungstiefe), ist Sache der konkreten Ausgestaltung. Diese ist demokratisch zu bestimmen.

- Im Bereich des Finanzmarktes wird eine Aufgabenteilung zwischen einer autonomen staatlichen Instanz (der Zentralbank) und der privatwirtschaftlichen Finanzbranche zu suchen sein. Die Erfahrung zeigt freilich, dass der Zentralbank wesentlich mehr Kompetenzen zugesprochen werden müssen als bis anhin.

- Die Finanzbranche kann von der Schweizerischen Nationalbank einen periodisch zu überprüfenden Leistungsauftrag erhalten, nach welchem der Service Public zu erbringen ist. Dieser Leistungsauftrag bestimmt auch die Grenzen der zulässigen Wirtschaftstätigkeit der Branche. Er kann bestimmte Tätigkeiten einer Bewilligungspflicht unterstellen und volkswirtschaftlich schädliche Finanzprodukte verhindern. Er kann nach Bedarf durch kurzfristige strategische Vorgaben ergänzt werden.

Anmerkungen

1 Vgl. dazu J.A. Schumpeter: «Der Bankier ist also nicht so sehr und nicht in erster Linie Zwischenhändler mit der Ware ‹Kaufkraft›, sondern vor allem Produzent dieser Ware»; Schumpeter, Joseph Alois (1997, unveränderter Nachdruck der 4. Auflage von 1934): Theorie der wirtschaftlichen Entwicklung: eine Untersuchung über Unternehmergewinn, Kapital, Kredit, Zins und den Konjunkturzyklus. Berlin: Duncker & Humblot.

2 Ermittelt nach Angaben in: Deutsche Bundesbank, Monatsberichte, Stat. Anhang Tab. II.2 u IV.2–3.

3 Angaben nach www.federalreserve.gov/releases/h6/hist; www.bundesbank.de/statistik/zeitreihen; Deutsche Bundesbank, Monthly Bulletins, tables II.2.

4 Trader's Narrative, November 7th, 2009. The Economist, March 22, 2008. Andere Abgrenzungen erbringen ein niedrigeres Niveau, aber gleiche Proportionen, z.B. bei Ashok Vir Bhatia 2011: Consolidated Regulation and Supervision in the United States, IMF Working Paper, No.23, 2011, p. 8.

5 Vgl. zum Beispiel Swiss National Bank, Historical Time Series, No.1, Feb 2007, 1.3, 2.3

6 Siehe www.monetative.org und auch www.monetative.ch.

7 Der Ausdruck «Monetative» stammt von Bernd Senf, der auch Mitglied des Reformnetzwerks ist.

8 Man kann das moderne Buchgeld auch als elektronisches Geld (E-Geld) oder digitales Geld bezeichnen.

9 Irving Fisher 1935: 100%-Money, New Haven. Dt. Fassung von Klaus Karwat 2007: 100%-Geld, Kiel, Verlag für Sozialökonomie.

10 Vgl. Rolf Gocht 1975: Kritische Betrachtungen zur nationalen und internationalen Geldordnung, Berlin, Duncker & Humblot. Richard Werner 2007: Neue Wirtschaftspolitik fur Europa. München, Vahlen. Joseph Huber 2011: Monetäre Modernisierung, 2. Aktual. Auflage, Marburg: Metropolis. Bernd Senf 2004: Der Tanz um den Gewinn, Kiel, Gauke. Josh Ryan-Collins, Tony Greenham, Richard Werner and Andrew Jackson 2011: Where does money come from? London, New Economics Foundation.

11 Joseph Huber 1998: Vollgeld, Berlin, Duncker & Humblot. Ders. 1999:

Plain Money, Halle'scher Graureiher 99-3 (www.soziologie.uni-halle. de/publikationen/pdf/9903.pdf). Ders. 2004: Reform der Geldschöpfung. Wiederherstellung des staatlichen Geldregals durch Vollgeld, in: Zeitschrift für Sozialökonomie, 41.Jg., 142.Folge, Sep 2004, 13–21.

12 Joseph Huber und James Robertson: Creating New Money, London: New Economics Foundation, 2000 (http://www.jamesrobertson.com/book/creatingnewmoney.pdf). Deutsch von Klaus Karwat 2008: Geldschöpfung in öffentlicher Hand, Kiel: Gauke.

13 www.vollgeld.ch

14 www.monetary.org/wp-content/uploads/2011/09/32-page-brochure.pdf sowie www.monetary.org/wp-content/uploads/2011/06/hr6550bill.pdf

15 www.positivemoney.org.uk/our-proposals/ sowie www.positivemoney.org.uk/draft-legislation/

16 www.primit.it/

17 www.monetaproprieta.it/site/

18 www.vivant-ostbelgien.org/index.php?id=133

19 Die Größenordnungen ergeben sich aus einer durchschnittlichen jährlichen Zunahme der Geldmenge M1 nach Maßgabe des BIP-Wachstums, dividiert durch die Bevölkerungszahl.

20 William F. Hixson: Triumph of the Bankers, Praeger 1993, p. 56.

21 Stephen Zarlenga: The Lost Science of Money, AMI 2002, pp. 376.

22 Niall Ferguson, The Ascent of Money, Allen Lane/Penguin Books 2008, p. 3.

23 SWIFT = Society for Worldwide Interbank Financial Telecommunication.

24 SIC = Swiss Interbank Clearing System, TARGET = Trans-European Automated Realtime Gross Settlement Express Transfer System.

25 Zahlen nach: Schweizerische Nationalbank, Statistische Monatshefte, Tab. B2 und H1.

26 EZB Monatsberichte, Tabellen 2.3.1, 5.2.1 und 6.2.1.

27 Vgl. www.usgovernmentspending.com/national_debt sowie www.federalreserve.gov/ releases/h6/hist/h6hist1.txt

28 NEED = National Emergency Employment Defense Act of 2011 (H.R. 2990), eingebracht vom Kongressabgeordneten Dennis Kucinich aus Cleveland, Ohio. www.monetary.org/american-monetary-need-act.

Die Autoren

Hans Christoph Binswanger (geb. 1929) lehrte von 1969 bis 1994 als ordentlicher Professor für Volkswirtschaftslehre an der Hochschule St. Gallen. Von 1967 bis 1992 war er Direktor der Forschungsgemeinschaft für Nationalökonomie, seit 1980 geschäftsführend. Von 1992 bis 1995 wirkte er als Direktor des neu gegründeten Instituts für Wirtschaft und Ökologie. Zu seinen Arbeitsschwerpunkten zählen Umwelt- und Ressourcenökonomie, Geldtheorie, Europäische Integration und ökonomische Theoriegeschichte. Ausführlich dargelegt wird der Inhalt seines Beitrags in seinen Büchern *Die Wachstumsspirale* (Marburg, 2006, Metropolis Verlag) sowie *Vorwärts zur Mässigung* (Hamburg, 2009, Murmann Verlag).

Joseph Huber (geb. 1948), seit 1992-2012 Inhaber des Lehrstuhls für Wirtschafts- und Umweltsoziologie an der Martin-Luther-Universität Halle. Zuvor als freier Publizist und Politikberater tätig. In den 1990er Jahren entwickelte er den Vollgeldansatz zur Aufhebung des fraktionalen Reservesystems. Mitbegründer des Geldreformnetzwerks Monetative. Schriften zum Thema: *Monetäre Modernisierung*, (2. überarbeitete Auflage, Marburg 2011), zusammen mit J. Robertson: *Geldschöpfung in öffentlicher Hand* (Kiel 2008), *Vollgeld* (Berlin 1998). Der vorliegende Beitrag ist die überarbeitete Textfassung eines Vortrags zur 7. Jahreskonferenz des American Monetary Institute vom 1. Oktober 2011 in Chicago. Aus dem Englischen von Mark Joób.

Philippe Mastronardi (geb. 1946), bis 2011 ordentlicher Professor für öffentliches Recht an der Hochschule St. Gallen, bis 1994 Sekretär der Geschäftsprüfungskommissionen der eidgenössischen Räte. Publikationen im Bereich des Staatsrechts, der Demokratietheorie und der Rechtstheorie. Wichtigste Bücher: *Verfassungslehre* (Stuttgart 2007), *Angewandte Rechtstheorie* (Stuttgart 2009), *Juristisches Denken* (2. Aufl., Stuttgart 2003).

Redaktoren:

Thomas Brändle, Schriftsteller, Vorstandsmitglied MoMo

Mark Joób, forscht am Institut für Wirtschaftsethik der Hochschule St. Gallen und lehrt an der Westungarischen Universität die Fächer Wirtschaftsethik, -psychologie und -soziologie. Vorstandsmitglied MoMo